Hans Friedrich Fulda · Menschenrechte

Hans Friedrich Fulda

Begriff und Begründung der Menschenrechte
Im Ausgang von Kant

Herausgegeben von
Brigitte Falkenburg

KlostermannRoteReihe

Bibliografische Information der Deutschen Nationalbibliothek

Die Deutsche Nationalbibliothek verzeichnet diese Publikation in der Deutschen Nationalbibliografie; detaillierte bibliografische Daten sind im Internet über *http://dnb.dnb.de* abrufbar.

Originalausgabe

© Vittorio Klostermann GmbH · Frankfurt am Main 2024
Alle Rechte vorbehalten, insbesondere die des Nachdrucks und der Übersetzung. Ohne Genehmigung des Verlages ist es nicht gestattet, dieses Werk oder Teile in einem photomechanischen oder sonstigen Reproduktionsverfahren oder unter Verwendung elektronischer Systeme zu verarbeiten, zu vervielfältigen und zu verbreiten.
Gedruckt auf Eos Werkdruck von Salzer,
alterungsbeständig ⊗ ISO 9706 und PEFC-zertifiziert.
Satz: mittelstadt 21, Vogtsburg-Burkheim
Druck und Bindung: docupoint GmbH, Barleben
Printed in Germany
ISSN 1865-7095
ISBN 978-3-465-04648-6

Inhalt

Vorwort der Herausgeberin 7

**Begriff und Begründung der Menschenrechte –
Kantisch gedacht und beurteilt** 9

Vorbemerkungen 11

I. Zur gegenwärtigen philosophischen Diskussion über
 Menschenrechte 15

II. Der Ansatz für eine Kant angemessene Begriffsbestimmung und Begründung von Menschenrechten .. 26

III. Grundzüge eines Kantisch gedachten
 Menschenrechte-Konzepts 36

IV. Näheres zur philosophischen Begründung der
 Menschenrechte 51

V. Spezielle Überlegungen zur Evaluation der Begründung 72

VI. Grundsätzliches zur Positivierung der Menschenrechte
 im Ausgang von rechtlich bestimmter Menschenwürde 100

Nachwort 133

Anhang: Hegel statt Kant? 137

Literaturverzeichnis 145

Verzeichnis der Abkürzungen 149

Namensregister 150

Vorwort der Herausgeberin

Die Abhandlung *Begriff und Begründung der Menschenrechte – Kantisch gedacht und beurteilt* ist das philosophische Vermächtnis von Hans Friedrich Fulda. Sie ging aus einer langjährigen Beschäftigung mit Hegels und Kants Rechtsphilosophie hervor, in der sich der Schwerpunkt zunehmend von Hegel auf Kant und von der Metaphysik des Rechts auf die Begründung von Menschenrechten mit universeller Geltung verschob. Wie sich Kant im Hinblick auf den Begriff, die Begründung und die Bedeutung der Menschenrechte weiterdenken lässt, führt die Abhandlung in sechs Kapiteln aus. Ursprünglich war noch ein siebtes Kapitel zu einer Politik der Menschenrechte geplant. Wie das Nachwort betont, hätte die Bearbeitung dieser Thematik aufgrund ihrer Vielschichtigkeit den Rahmen der Studie gesprengt, sodass die verbleibende philosophische Aufgabe nur noch benannt werden konnte.

Die Letztfassung der nun aus dem Nachlass publizierten Schrift stammt von Mitte November 2018. Die Herausgeberin hat sie geringfügig redigiert und dabei einige handschriftliche Korrekturen aus dem Skript einer Vorversion übernommen, soweit sie der besseren Lesbarkeit dienten. Teile der frühesten vorhandenen Version von 2010 gingen in den 2013 publizierten Aufsatz *Menschenrechte – Plädoyer für einen Kantischen Ansatz zu ihrer begrifflichen Bestimmung, Begründung und Gliederung im Hinblick auf Hegel* ein und sind hier in erweiterter Fassung wiederverwendet. Der letzte Abschnitt des damaligen Aufsatzes mit dem Titel *Hegel statt Kant?* bot einen Ausblick darauf, inwiefern der Kantische Ansatz demjenigen von Hegel überlegen ist, sich aber ausgehend von Hegels Rechtsphilosophie weiter ergänzen ließe. Da die vorliegende Schrift dieses Thema nicht wieder aufgreift, ist dieser Abschnitt hier zur Ergänzung im Anhang abgedruckt.

Hans Friedrich Fulda selbst hätte an dieser Stelle wohl den philosophischen Weggefährten, Kollegen und Schülern gedankt, mit denen er in den nahezu drei Jahrzehnten philosophischer Aktivität nach der Emeritierung weiterhin im fruchtbaren Austausch stand. Von ihnen seien hier vor allem diejenigen genannt, die seine Arbeit an der Menschenrechte-Thematik in besonderem Maße begleitet haben. Miriam Wildenauer hielt gemeinsam mit ihm etliche Lehrveranstaltungen am Heidelberger Philosophischen Seminar zu Kant und Hegel, darunter 2012 ein Oberseminar über *Prinzipien des Rechts und der Politik bei Kant und Hegel*. Brigitta von Wolff-Metternich war ihm eine wichtige Gesprächspartnerin bezüglich der praktischen Philosophie und der Vernunftkonzeption Kants. Beate Bradl konnte ihn 2016 für eine Lehrerfortbildung zum Thema Menschenrechte gewinnen. Mit Christian Krijnen verband ihn im Anschluss an die gemeinsame Arbeit zu Hegel und zum Neukantianismus ein langjähriger freundschaftlicher Kontakt, der anregende Gespräche im Umkreis der Abhandlung einschloss. Die unveröffentlichte Schrift diente Lennart Schultz und Martin Welsch als Ausgangspunkt für Studien zur politischen Philosophie Kants, in denen Fulda seine eigene Forschung zur Begründung der Menschenrechte fortgesetzt sah und deren Fortgang er noch in der letzten Lebensphase abnehmender Kräfte in intensiver, produktiver Auseinandersetzung betreute.

Vittorio Klostermann danke ich für die Aufnahme der vorliegenden Schrift in die Rote Reihe des Verlags und Martin Welsch für die Durchsicht der editorischen Bearbeitung.

Berlin, im Januar 2024   Brigitte Falkenburg

Begriff und Begründung der Menschenrechte
Kantisch gedacht und beurteilt

Vorbemerkungen

»Menschenrechte kommen nicht vom Staat, sondern von Gott«, hat John F. Kennedy bei seiner Inauguration als Präsident der USA gesagt. Dem mag letztlich zuzustimmen sein. Doch solange die Menschen sich nicht alle zu einem und demselben Gott bekennen und viele von ihnen glauben, dass es vielleicht keinen Gott gibt, sollte eine Reflexion über Menschenrechte, die als philosophische etwas in jedermanns Interesse Liegendes ansprechen muss, ihr Thema vorrangig als eines von säkularer Bedeutung, Herkunft und Fundierung verhandeln. Das legt auch der Kontext nahe, in welchem die philosophische Literatur einschließlich der deutschsprachigen gegenwärtig die Menschenrechte diskutiert. Natürlich verdanken sich die folgenden Ausführungen zu Begriff und Begründung von Menschenrechten unter anderem der Beschäftigung mit dieser Literatur. Nicht zuletzt aber sind sie damit durch Frustration verbunden – beinahe in höherem Grad als durch Belehrung, die daraus zu gewinnen wäre. Von daher versteht sich der programmatische Rekurs auf Kants Denken, den der nachgesetzte Teil des obigen Titels ankündigt. Auch zahlreiche gegenwärtige Autoren, wie z. B. J. Rawls, J. Habermas, E. Tugendhat und ihre Schüler, nehmen ja in Veröffentlichungen über Menschenrechte mehr oder weniger deutlich Bezug auf die Kantische Philosophie des Rechts und der Politik. Doch diese Bezugnahme sollte genauer und inspirierter erfolgen, als das bei ihnen der Fall ist – und das sowohl um einer möglichst präzisen, philosophisch überzeugenden Bestimmung des Begriffs der Menschenrechte willen als auch zugunsten möglichst triftiger Begründung der Behauptungen, die dabei über Menschenrechte aufgestellt werden; nicht zuletzt aber wegen der Geltungsansprüche für Menschenrechte, die sich mit diesen Behauptungen verbinden.

Die Ausführungen in Kapitel I–V werden hoffentlich zeigen, weshalb dem ersten Teil der eingangs zitierten Äußerung J. F. Kennedys zuzustimmen und sie sogar zuzuspitzen ist: Menschenrechte kommen nicht nur nicht vom Staat; sie kommen noch nicht einmal von irgendeiner zwischenmenschlichen Gemeinschaft oder Gesellschaft, in welcher Menschen leben. An die Stelle des zweiten, affirmativen Teils der Kennedy'schen Äußerung hingegen sollte man setzen: Die Menschenrechte bestehen unter Normen und ruhen mit ihnen auf Gründen, die schon der rechtsbestimmenden praktischen Vernunft eines jeden Menschen selbst innewohnen und darin als solche prinzipiell auch jedem einzelnen erkennbar sind – wie immer es sich verhalten mag mit individuellen oder kollektiven Kräften, dank deren diese Normen und Rechte als solche tatsächlich erkannt und verbindlich sowie wirksam geltend gemacht werden oder gar, nicht zuletzt zu diesem Zweck, zu positivieren sind; um so in einzelnen Staaten geltendes Recht und in zwischen- oder überstaatlichen Institutionen Inhalte ihres speziellen Rechts oder von Konventionen zu werden, welche die Konvenierenden, die Agenten der Institutionen und die unter ihren Normen lebenden Menschen gleichermaßen binden. Damit letzteres nicht als belanglos erscheint, wird unten in Kapitel VI der Zusammenhang von Vernunftrecht und positivem Recht sowie von Menschenrechten und Menschenwürde thematisiert. Weiterer Arbeit vorbehalten bleibt dagegen die Beschäftigung mit der komplexen Frage, welche Bedeutung für die Menschenrechte eine vernunftbestimmte *Politik* besitzt – und das sowohl im Hinblick auf den einzelnen Staat und sein öffentliches Recht als auch im zwischenstaatlichen Recht sowie im Weltbürgerrecht. Welche Rolle, m. a. W., kommt den Menschenrechten innerhalb dieser Rechtssphären für eine rechtlich bestimmte Politik zu?

Die Ordnung, der gemäß im Folgenden die Momente begrifflicher Bestimmung der Menschenrechte erwähnt werden, soll übrigens nur eine Aufeinanderfolge andeuten, die der *philosophischen* Reflexion zukommt. Nicht hingegen will sie den Juristen in ihrer Rechtspraxis oder den Politikern und Rechtsdogmatikern vorschreiben, wie sie über Menschenrechte denken sollen, wenn sie mit ihnen bei ihren Geschäften zu tun haben, und wie dabei die vielfältigen Bestimmungsmomente verschiedener Menschenrechte in Abhängigkeit voneinander zu berücksichtigen sind. Der Philosoph, der sich Kantisch versteht, legt seine Reflexionen und Argumente Fachleuten der Jurisprudenz, Rechtswissenschaft oder Politik nur zur Erwägung vor – in der Erwartung, dass man ihn wenigstens anhöre. Hingegen liegt es ihm fern, solche Experten über das Recht in einer etablierten Rechtsordnung aufklären zu wollen. Erst recht nicht ist es Sache der Philosophie, Juristen zu belehren, wie die positiv-rechtlichen Bestimmungen auszulegen, anzuwenden oder gar durch Gesetzgebung abzuändern sind. So möchte auch der Verfasser Menschenrechtsexperten keine Konkurrenz machen, sondern in ein Ergänzungsverhältnis zu ihrer Arbeit treten; allerdings in eines, das hoffentlich auf beiden Seiten für weitere Einsicht in die Sache fruchtbar wird. Nicht zuletzt jedoch geht es mir als Laien um eine Selbstverständigung, die andere Laien zur eigenen Selbstverständigung anregen kann. Dabei – und in allen genannten Hinsichten – soll vor allem eine Berufung auf religiöse oder sonstige kulturrelative Gründe streng vermieden werden, damit der globale Charakter der Menschenrechte nicht in deren Begründung alsbald dementiert wird und die charakterisierend behauptete universelle Geltung solcher Rechte bereits durch die Begründung zur schieren Anmaßung oder gar ideologischen Verbrämung von Imperialismus missrät. Solcher Anmaßung unverdächtige Reflexionen über eine entsprechende Politik der Menschenrechte legen sich im Anschluss an das sechste der oben angekündigten Kapitel nahe. Aber ein bloßes Nachwort wäre dafür nicht mehr der richtige Ort.

Als letzte Vorbemerkung zum Aufbau des Folgenden: Meine ursprüngliche Absicht war, die Bestimmung des Begriffs der Menschenrechte und deren Begründung (in dieser Aufeinanderfolge) je für sich eigens abzuhandeln. Mit Rücksicht auf den strapazierten Darstellungsrahmen aber, und da sich die Begründung in ihm ohnehin nicht Schritt für Schritt ausführen, sondern nur andeuten lässt, werden – nach kurzer Auseinandersetzung mit gegenwärtig dominierenden Auffassungen (I) – die Reflexionen zu beiden Aufgaben zunächst einmal in ein und demselben Arbeitsgang sozusagen ineinander verzahnt vorgetragen (II/III). Erst in zwei darauffolgenden Kapiteln (IV/V) soll die Begründung für sich hinsichtlich ihrer Form thematisiert und anhand von eigens zu erwägenden Kriterien evaluiert werden, bevor dann in einem weiteren Kapitel (VI) die Begründungsergebnisse mit bis dahin unberücksichtigt gebliebenen Fragen der Durchsetzung von Menschenrechten zu verbinden sind. Leider wird selbst das nicht erlauben, direkt anschließend hieran nur noch in einem Schlussabschnitt auszuführen, welche Perspektiven sich aus all dem für eine systematische Differenzierung, Entwicklung und Begrenzung des Inhalts einzelner, paradigmatischer Menschenrechte sowie Gruppen von Menschenrechten ergeben, obwohl bereits das dritte Kapitel [III 2. c) ff.] erste Andeutungen hierzu nicht vermeiden konnte. Glücklicherweise nämlich trifft hier auch das altgriechische Sprichwort zu, das als Motto fürs Folgende dienen soll und später noch durch eine platonische und eine aristotelische Variante zu ergänzen sein wird:

> Der Anfang ist die Hälfte des Ganzen.[1]

---

[1] Vgl. *Nomoi* VI, 753e. [In der Übers. v. K. Schöpsdau (Platon 1977): »Denn der Anfang, heißt es zwar im Sprichwort, ist die Hälfte des ganzen Unternehmens.« Anm. d. Herausgeberin.]

I.
Zur gegenwärtigen philosophischen Diskussion über Menschenrechte

A) Wenn es um die Auffassung von Menschenrechten geht – d. h. um ein Konzept, das sehr spät in der Menschheitsgeschichte Bestandteil kodifizierter Rechtsordnungen geworden, aber tief in allgemein menschlichen Erfahrungen verankert und aus ihnen hervorgegangen ist –, dann tut man wohl gut daran, nicht gleich zu Beginn an positives Recht zu denken, sondern sich dem jedermann geläufigen *Sprachgebrauch* anzuvertrauen.[2] Wir sagen »Menschenrechte« – in hartnäckiger Fixierung auf den *Plural*, während der Singular mit dem bestimmten Artikel (»*das* Menschenrecht«) außer im fragwürdigen Pathos der »Internationale« so gut wie nicht mehr vorkommt.[3] Wir bringen mit dieser Redegewohnheit wohl zum Ausdruck, dass es sich bei den so bezeichneten Rechten um *einzelne* Rechte einer bestimmten, aber nicht leicht generisch zu charakterisierenden *Klasse* von Rechten handelt, die jedenfalls *subjektive Rechte* einzelner Menschen sind; d. h. Rechte, welche diese Menschen *haben*. Zugleich aber geht es um *spezielle* subjektive Rechte, welche nicht erst aufgrund der einen oder anderen besonderen Qualifikation oder Handlung zukommen[4]. Vielmehr handelt es sich hier

---

[2] Reflexionen zu philosophie-typischen »Was-ist …?«-Fragen sollten sich gewiss nicht im Rekurs auf den Sprachgebrauch erschöpfen. Aber damit zu beginnen empfiehlt sich allemal, weil nur so der common sense zum Zuge kommen kann, der sich in unserer Sprache niedergeschlagen hat. Sinnvolle Abweichungen davon ergeben sich dann im weiteren Gang der Reflexion nahezu von selbst.
[3] Selbst eine so umfangreiche Abhandlung wie die von R. Uertz (2005), welche »Menschenrecht« sogar im Titel gebraucht (*Vom Gottesrecht zum Menschenrecht*), führt das Stichwort »Menschenrecht« im ausführlichen Sachregister (anders als »Menschenrechte«) gar nicht auf.
[4] – also, m. a. W., nicht um subjektive Rechte, die Menschen nur zuzuspre-

um subjektive Rechte, welche Menschen *bereits als Menschen* haben – ganz unabhängig von irgendwelchen weiteren, sie voneinander unterscheidenden Merkmalen; und um Rechte, die *alle Menschen* haben – eben deshalb, weil das Gehabt-werden nicht von dergleichen Besonderheiten individuellen menschlichen Lebens abhängt. Träger von Menschenrechten sind m. a. W. alle Menschen zumindest als natürliche Rechtspersonen; als solche aber nicht kollektiv, sondern *vereinzelt*. Die Menschen haben diese Rechte – des Weiteren – *selbst* dann, *wenn* es für einige oder alle von ihnen (noch) keine institutionelle Rechtsordnung gibt, die den so gehabten subjektiven Rechten auch Kräfte zur Seite stellt, durch welche die Forderungen aus diesen Rechten wirksam werden und dabei ihre je besondere Prägung bekommen.

Ohnehin ist ja der Wirkungsbereich solcher Kräfte und damit die Rechtsordnung, die hierin besteht, überall begrenzt. Geschweige denn gibt es für die Menschenrechte eo ipso eine allen Menschen gemeinsame institutionelle Rechtsordnung mit den diese Rechte ausdrücklich statuierenden Gesetzen, welche von einer dazu rechtlich legitimierten Autorität und Gewalt *positiviert* sind. Noch nicht einmal gibt es für sie eo ipso eine – wie immer zustande gekommene – Rechtsgemeinschaft oder auch nur eine mehr oder weniger umfassende Zivilgesellschaft mit Normen, die in dieser – wie unvollkommen auch immer – wirksam sind. Man hat eben bei Menschenrechten – wie beim Recht überhaupt – allemal mit zwei nacheinander zu beantwortenden umfassenden Orientierungsfragen zu tun: (1) Worin bestehen die Normen, unter denen – und denen gemäß – subjektive Rechte einer bestimmten Klasse durchgängig Menschenrechte sind, und was charakterisiert infolgedessen generell alle diese Rechte aller Menschen? Und: (2) Wodurch, d. h. aus welchem rechtlichen, aber effektiven Grund, kommt diesen Rechten wirksame Geltung zu, wenn – wann und wo immer – sie besteht?[5] Diese Frage aber

---

chen sind, sofern sie, z. B., einer bestimmten Abstammung, Lebensform, Altersstufe, Geschlechtsbesonderheit, Gemeinde, politischen Einheit, Religionsgemeinschaft zugehören, eine gewisse soziale Rolle spielen oder einen besonderen Status innehaben oder auch nur irgendetwas rechtlich Relevantes getan haben.
[5] Wer nicht wenigstens auf die erste dieser beiden Fragen eine überzeugende Antwort weiß, wird angesichts der Tatsache, dass Menschenrechte in der Vergangenheit so lange unentdeckt waren, und angesichts der Schwierigkeit, die zweite Frage prinzipiell, aber bündig zu beantworten, immer

stellt sich hier erst an zweiter Stelle, weil subjektive Rechte, um berechtigtermaßen als solche wirksam geltend gemacht werden zu können, trivialerweise bereits »gehabt« sein und die Normen, unter denen sie jemandem zukommen, vorab bestehen müssen; erst recht aber, um zu Wirkungen zu gelangen, in denen sie institutionell zur Geltung kommen.

A fortiori sind Menschenrechte für sich genommen deshalb auch als unabhängig davon zu denken, ob sie subjektive Rechte im einen oder anderen *Staat* sind – ja, sogar: zu denken als unabhängig davon, ob es für ihre Träger irgendeinen Staat gibt oder eben nicht gibt. Damit gerät jegliche Philosophie der Menschenrechte, welche sich am positiven Recht orientiert oder die Untersuchung der Menschenrechte auf deren Statuierung im einen oder anderen positiven Recht beschränkt, von vorneherein in eine Aporie: Sie muss den Grund dieser Rechte aufsuchen. Sie kann ihn aber nur im positiven Recht finden, auf das sich der Grund nicht beschränken und worin er sich auch nicht vollständig auffinden, sondern zum Teil nur voraussetzen lässt. Der *Sinn* dieser Rechte jedenfalls muss denkbar sein und bei deren Begründung in seinen fundamentalen Bestimmungen gedacht werden, *ohne* dass dafür schon ein Staat oder auch nur seine Bildung angenommen wird. *Philosophisch* zu beantworten gilt es somit vor allem die Frage, *welcher speziellen Art* (unter *subjektiven* Rechten überhaupt) die Menschenrechte und ihre Normen sind; also auch die Frage: von welcher Art die Menschenrechte sind als *objektive* Rechte? Zur Beantwortung dieser Frage wird man in einem ersten Schritt wohl sagen dürfen, wenn man dabei von *unserem* common sense ausgeht und an paradigmatische, uns jedenfalls nicht zweifelhafte, einzelne Menschenrechte denkt: Diese sind ihrem Begriff nach sicherlich *Rechte auf* das eine oder andere unter solchem, *das einzelne* Menschen *sich nicht* immer und überall *selbst verschaffen* und sich, wenn sie es denn haben, überhaupt nicht alleine *erhalten* oder gar *garantieren* können.[6]

---

wieder vom Verdacht beschlichen oder zur Behauptung verführt werden, Menschenrechte seien eine Angelegenheit letztlich leerer Deklaration – sei die auch noch so gut gemeint.
6 Nämlich, z. B., Rechte darauf, willensgemäß das eigene, nach dem Lauf der Natur fortdauernde Leben unbeschädigt fortzusetzen; oder: Ansprüche auf die Freiheit, sich im Rahmen des Privatrechts aus eigener Willkür zum Tun oder Unterlassen äußerer Handlungen zu bestimmen und rechtlich unter gleichen Bedingungen nicht anders als die anderen behandelt zu wer-

So viel zum Wort »Menschenrechte« hinsichtlich seiner wichtigsten Gebrauchsbedeutungen, wie diese sich seit den ersten Menschenrechtserklärungen gebildet haben und sich in unserer Umgangssprache – noch ohne eventuell begründungstaugliche Nebengedanken – zum Ausdruck bringen.

Von welcher *speziellen Art* sind diese subjektiven Rechte *generell*? Präziser gefragt: Wie grenzen sie sich ab von anderen, ebenfalls sehr fundamentalen subjektiven Rechten – vor allem aber im Unterschied einerseits zu subjektiven Rechten überhaupt und andererseits zu Bürgerrechten, mit denen sie ja oft in einem Atemzug genannt werden? Wie lässt sich ferner diese besondere Art von subjektiven Rechten im Kontext der Rede von subjektiven Rechten überhaupt verstehen? Aber auch: Wie lässt sich die Behauptung begründen, dass es Rechte dieser besonderen Art und mit ihnen verbundene Geltungsansprüche gibt? Und schließlich: Sind Menschenrechte in diesem Kontext so zu verstehen und zu begründen, dass dabei der merkwürdigste Zug an ihnen ganz ernst genommen wird: subjektive Rechte zu sein, die einsehbarerweise gehabt werden und sich hier und da erfolgreich selbst dann geltend machen lassen, wenn von allem Staat und seiner rechtlichen Bedeutung noch konsequent (und sogar in den Voraussetzungen der Rede von Menschenrechten) abstrahiert wird – sei's, weil es keinen Staat gibt oder ein Träger von Menschenrechten an keinen aussichtsreich appellieren kann oder weil Menschenrechte in einem Staat nicht wirksam Geltung haben, vielleicht sogar nicht einmal positives Recht sind?[7] Angesichts dieser Fragen und mit ihnen ist auf die Gedankenlinien einzugehen, die mich von den *gegenwärtig dominierenden Auffassungen* trennen und für einen – recht verstandenen – Kant Partei ergreifen lassen – sowohl, was ein der Kantischen Rechtslehre gemäßes Konzept von Menschenrechten betrifft, als auch hinsichtlich der Gründe für so konzipierte Menschenrechte.

B) Die einfachste Antwort auf die gestellten Fragen scheint diejenige zu sein, welche stark sprach- und common-sense-philosophisch

---

den; oder auch: Rechte auf das Haben / Erwerben / Veräußern von Eigentum nach gleichen Rechtsnormen wie denjenigen, denen die anderen Menschen unterstehen.

[7] Die Abstraktion vom Staat und von seiner rechtlichen Bedeutung mag aber auch deshalb vorgenommen werden, weil es oftmals philosophisch fruchtbar ist, von selbstverständlich gemachten Voraussetzungen abzusehen, um festzustellen, wie weit man im begründenden Nachdenken damit kommt.

ausgerichtete Philosophen favorisieren, wie z. B. Ernst Tugendhat und seine Schüler: Menschenrechte seien elementar sowie von der Voraussetzung irgendeines Staats und seiner Politik insofern unabhängig, als sie *moralische* Rechte sind – wobei unter »Moral« ein *universelles*, jedenfalls alle Menschen in gleicher Weise bindendes System von praktischen Normen verstanden wird; und zwar von Normen, deren Forderungen an die Menschen und Erlaubnisse für Menschen sich im Grund jeder einzelne anhand von einfachen Beispielen in einsamer Reflexion oder informellem Diskurs mit irgendwelchen anderen klar machen kann. So einleuchtend diese Auffassung prima vista wegen der Selbstverständlichkeit erscheinen mag, mit der sich in ihr der universelle, alle Menschen umfassende Charakter von Menschenrechten ergibt – die Auffassung hat mindestens zwei gravierende Gründe gegen sich: *Zum einen* ist der Begriff des Moralischen darin so vage, dass das in ihm Gedachte – irgendwie intersubjektiv verankerte Normen menschlichen Verhaltens, die alle Menschen in gleicher Weise binden – unvermeidlich in Verdacht gerät, eine bloße Chimäre zu sein. Außerdem ist dabei der Begriff subjektiver *Rechte* (unter solchen Normen) wie auch der Begriff der diese Rechte bestimmenden Normen selber so unterbestimmt, dass gar nicht zu verstehen ist, wie diesen »Rechten« überhaupt ein spezifisch *juridischer* Charakter zukommen soll, aufgrund dessen sie sich zuerst von aller *nicht*juridisch moralischen Berechtigung unterscheiden, sich dann aber auch auf der Basis dieser Unterscheidung innerhalb sämtlicher juridischen Rechte noch einmal auszeichnen als subjektive Rechte, die Menschenrechte sind. Schon dieser Einwand müsste für die Vertreter eines moralischen Verständnisses von Menschenrechten Grund genug sein, sich mit Kants Begriff des Moralischen und innerhalb desselben mit dem genuin Kantischen Rechtsbegriff genauer zu befassen, als dies de facto geschieht. – *Zum anderen* aber ist im Hinblick auf den zuletzt erwähnten Unterschied (zwischen juridischen subjektiven Rechten überhaupt und Menschenrechten) leicht an einzelnen, simplen Fällen der Verletzung elementarer Rechte festzustellen, dass sich vor solchen Fällen von Rechtsverletzung die Verletzungen von Menschenrechten eigens disqualifizieren müssen; dass also auch ein entsprechender Unterschied bestehen muss zwischen Klassen der so oder so verletzten subjektiven Rechte selbst. Man nehme z. B. den Fall, dass einer rechtswidrig den Körper eines anderen verletzt oder diesen seiner Freiheit beraubt. Wir sprechen in einem solchen Fall keineswegs schon eo ipso von Menschenrechtsverletzung. Offenbar enthalten Menschenrechte, obwohl sie subjektive Rechte und damit auch rechtliche Erlaubnisse sind, eine speziellere rechtliche Normierung des Verhaltens anderer – nämlich eine, die hinausgeht über jene schon im subjektiven Recht überhaupt liegende Normierung; und welche ganz grundsätzlich mit einem Vermögen verbunden ist, andere dazu zu verpflichten, dass sie den zu solchen rechtlichen Erlaubnissen gehörenden Handlungs-Spielraum der Träger des betreffenden subjektiven Rechts respektieren.

C) Vermutlich haben nicht zuletzt Einwände dieser Art viele der heutigen Menschenrechtsphilosophen, wie z. B. Jürgen Habermas und seine Schüler, in der Überzeugung bestärkt, das Konzept der Menschenrechte sei kein moralisches, sondern ein wesentlich *politisches*. Angesichts der Tatsache, dass es darin sogar um ein *alle* Menschen betreffendes politicum geht, haben sie auch zur Auffassung geführt, Menschenrechte seien vor allem eine Angelegenheit *internationalen* Rechts und seiner politischen Durchsetzung, wie z. B. John Rawls denkt. So verstanden dürfen Menschenrechte dann, wie Habermas es ausdrückt, einem politischen Souverän »nicht gleichsam paternalistisch übergestülpt werden«. Der Idee rechtlicher Autonomie der Bürger widerspräche es Habermas zufolge, »wenn der demokratische Verfassungsgesetzgeber die Menschenrechte als so etwas wie moralische Tatsachen schon vorfinden würde, um sie nur noch zu positivieren«.[8] Die moralische Deutung der Menschenrechte sei allenfalls Sache einer versuchten *Begründung* dieser Rechte,[9] wenn sie nicht sogar, wie andere meinen, in Begründungsfragen zu unterlassen ist.

Gegen diese kurzerhand ans Politische geheftete Auskunft über Menschenrechte sprechen jedoch ebenfalls sehr gewichtige Gründe. – *Erstens* gilt für den Fall der eingeräumten Möglichkeit moralischer Deutung oder gar Begründung der Menschenrechte: Wenn die Möglichkeit besteht, so muss sich die Deutung bzw. Begründung bereits an bzw. aus *juridischen Grundbegriffen* ergeben, die den

---

[8] *Über den inneren Zusammenhang von Rechtsstaat und Demokratie* (Habermas 1996), 301.
[9] Einen Versuch solcher Begründung hat Rainer Forst mit seinem Plädoyer für ein grundlegendes moralisches Recht auf Rechtfertigung unternommen (*Das grundlegende Recht auf Rechtfertigung. Zu einer konstruktivistischen Konzeption von Menschenrechten*, Forst 1999, bes. 81–95).

Zur gegenwärtigen philosophischen Diskussion

Menschenrechten inhärent und konstitutiv für sie sind, ohne selbst schon einen Begriff des Politischen auszumachen[10] oder für sie zur Voraussetzung zu haben. Dann aber kann der *moralische* Sinn dieser Begriffe kein zureichender Grund sein für die Behauptung, mit einer auf deren Bestimmungen zurückgehenden Deutung oder Begründung der Menschenrechte würden diese einem politischen Souverän gleichsam paternalistisch übergestülpt werden oder würde der demokratische Verfassungsgesetzgeber die Menschenrechte als so etwas wie moralische Tatsachen »vorfinden«. Denn dann sind die in Menschenrechte konstitutiv eingehenden moralischen Bestimmungen für den Begriff, dessen Bestimmungsmomente sie sind, grundlegend; und sie machen zusammen mit den Gründen ihrer synthetischen Verbindung nicht nur die Begründung der Menschenrechte aus, sondern auch ein grundlegendes Moment der Bestimmtheit eines Verfassungsgesetzgebers, und sie müssen in dessen rechtliche Bildung bereits eingebaut sein. Dem Verfassungsgesetzgeber wird somit nichts paternalistisch übergestülpt, und er findet nicht so etwas wie moralische *Tatsachen* vor, wenn er *in sich selbst* von der

---

[10] So meint Rainer Forst, der allgemeinste und basale Anspruch eines jeden Menschen, »den andere, Menschen oder Staaten, nicht zurückweisen können«, sei »das *Recht auf Rechtfertigung*«; dieses Recht sei »das Recht, als moralische Person geachtet zu werden, die zumindest in dem Sinne autonom ist, dass sie nicht auf eine Weise behandelt werden darf, für die ihr nicht angemessene Gründe geliefert werden können«, wobei aber die Person selbst »im konkreten Dialog mit anderen« über »die ›Angemessenheit‹ dieser Gründe entscheidet« (Forst 1999, 75). – In den dann folgenden Ausführungen zu einem spezifisch »moralischen Konstruktivismus«, der dem »politischen Konstruktivismus« vorhergehen , aber doch den »Kern politischer Rechtfertigung« ausmachen soll, erfährt man leider nicht, was diesen angeblich für alles Recht basalen Anspruch, der nicht nur die Person selbst, sondern mit ihr auch andere unter einen ungeheuer starken Kommunikationszwang stellt, selbst schon als Recht in einem *juridischen* Sinn auszeichnen und dieses Recht dadurch von allem Ethisch-Moralischen samt dessen (jenseits rechtlich normierbaren Handelns liegenden, Zwecke sowie Motive einschließenden) Gründen frei halten soll (vgl. 81 ff., bes. 90–94). Vergeblich fragt man sich auch, wie ein »moralischer Kerngehalt« an Recht noch unbefangen praktizierbar sein soll, wenn er »stets konkret in bestimmten Rechtfertigungsdiskursen eingeklagt, legitimiert und anerkannt« werden muss und wird (94). Noch unplausibler aber scheint mir, dass man von einem solcherart »grundlegenden« Recht aus zu einer »Konzeption von Menschenrechten ... gelangen« kann, die nicht nur »kultursensibel« ist, sondern »gleichermaßen ... kulturneutral« (a.a.O., 68).

begrifflichen Bestimmtheit der Menschenrechte her schon ein moralisches Konstituens seiner eigenen Bestimmtheit hat. Andernfalls müsste man von diesem Verfassungsgesetzgeber annehmen, er sei hinsichtlich des von ihm zu gebenden Verfassungsgesetzes ein Wesen fast so uneingeschränkter Willkür wie der Gott der Nominalisten hinsichtlich der ganzen Welt. Im Unterschied zum Nominalistengott bei der Weltschöpfung würden diejenigen, die zusammen der Verfassungsgesetzgeber sind, bei der Verfassungsgesetzgebung nur ein paar pragmatischen Diskursregeln unterliegen. Das hätten freilich diejenigen Verfassungsgesetzgeber und politischen Souveräne gern, die sich nicht darum scheren, wie das Recht ihre Willkür vom ersten Betätigungsschritt an begrenzt;[11] ebenso aber auch diejenigen politischen Souveräne, welche sich als das Resultat einer so wundersamen Transsubstantiation privater menschlicher Willkürfreiheitssubstanz verstehen, wie Rousseau sie sich für die volonté générale seines republikanischen Volkssouveräns dachte.

Zweitens: Selbst für den Fall einer Bestreitung der Möglichkeit moralischer Begründung oder auch nur Deutung der Menschenrechte darf man den in gegenwärtigen *moralischen Konzepten* derselben so kläglich unterbestimmten Begriff des Moralischen nicht vergessen. Mit diesem Begriff ist allgemein weder zugunsten der Möglichkeit noch zugunsten der Unmöglichkeit einer solchen Deutung oder Begründung von Menschenrechten etwas Substantielles auszumachen, weil damit schon Recht überhaupt nicht zu fassen ist. Auch in dieser Hinsicht also empfiehlt sich dringend ein Rückgang auf Kant. Nach dessen Verständnis steht das Moralische generell dem (ausschließlich) Pragmatischen sowie auch dem Technisch-Praktischen gegenüber und zeichnet sich durch die Bestimmtheit aus, Gesetzen der Freiheit und ihren Normen zu unterliegen oder – qua Autonomie – diese selber samt ihrer wirksamen Verbindlichkeit und Durchsetzung in Willensbestimmungsakten auszumachen, sodass es von der Art dieser Gesetze (solche der inneren Selbstgesetzgebung, oder aber solche einer ihr gemäß möglichen äußeren Gesetzgebung zu sein) abhängt, ob man es mit Moralisch-Ethischem oder Moralisch-Juridischem zu tun hat.

---

[11] Wie schnell und leichthin Staatsvölker sich zu solchem Souveränitätsverständnis bekennen, hat die Menschheit 2009 in einem die Religionsfreiheit beschränkenden, den Bau von Minaretten betreffenden Referendum eines europäischen, demokratischen Staats erfahren.

Drittens aber ist das dem moralischen Konzept entgegengesetzte politische Konzept der Menschenrechte evidentermaßen mangelhaft im Hinblick auf die Menschenrechte all derjenigen Menschen, die am einen oder anderen Verfassungsgesetzgeber sowie politischen Souverän (als angeblichem Autor des Gehalts von Menschenrechten) nicht *Teil haben* und somit bestenfalls von diesem wohlwollend bedachte Objekte seiner Entscheidungen sind. – *Viertens*: Das ausschließlich politische Menschenrechts-Konzept lässt eine klaffende Rechts- und Rechtsbegründungs-*Lücke* entstehen zwischen einerseits jenen Menschenrechten, die vernünftiger- und einsehbarerweise unabhängig von einem politischen oder auch nur gesellschaftlichen Zustand unter Menschen gehabt werden, und andererseits den Menschenrechten im einen oder anderen politischen Zustand unter Menschen. – *Fünftens* arbeitet dieses Konzept mit einer überzogenen Idealisierung des politischen Zustandes, sodass man überhaupt nicht sehen kann, mit welchen prinzipiellen, rechtspolitisch zu lösenden Problemen der Weg gepflastert ist, der vom antagonistischen Zustand der Verhältnisse zwischen vielen politischen Souveränen oder gar vom Zustand eines Staats mit geteilter Souveränität hin zur Annäherung an den Idealzustand führt, und wie dieser Weg trotz einer unabsehbaren Anzahl an Stolpersteinen erfolgreich begangen werden kann. – *Sechstens* ergibt sich aus dem politischen Konzept ein gefährliches *Anspruchsdenken* in Sachen Menschenrechte. Es scheint dann, als richteten sich die Ansprüche, die man mit Menschenrechten hat, nur an den Staat, der's dann schon »richten« wird.[12]

Nicht zuletzt die Tatsache, dass es sich bei den Menschenrechten sogar um ein *alle* Menschen betreffendes politicum handelt, dürfte auch zur Auffassung beigetragen haben, Menschenrechte seien vor allem eine Angelegenheit *internationalen* Rechts und seiner politischen Durchsetzung, womit sich vorrangig *John Rawls* befasst hat. – Dass die Fragen, um die es dabei geht, uns heute besonders heiß auf den Nägeln brennen, sei nicht bestritten. Evidentermaßen aber können sie ohne vorgängigen Rekurs auf die fundamentalen Aspekte der begrifflichen Bestimmung und Begründung von Menschenrechten philosophisch nicht zulänglich bearbeitet werden.

Auch insofern, sowie in den vier Hinsichten des dritten bis sechsten Einwands, bietet sich Kants Metaphysik des Rechts als die bes-

---

12 Vgl. Ch. Menke & A. Pollmann (2007, 41), *Philosophie der Menschenrechte*.

sere Alternative an – sowohl für eine Begriffsbestimmung als auch für eine Begründung der Menschenrechte. Ohne sie steckt man in dem *Dilemma*, sich für ein unzulängliches moralisches Konzept *oder* aber für ein ebenfalls unzulängliches politisches Konzept entscheiden zu sollen; jedoch nicht zu einer Verbindung beider Konzepte gelangen zu können und dennoch dieser Verbindung zu bedürfen, um sich vom Dilemma zu befreien. Kant hingegen hält zum Vermeiden dieser Kalamitäten den Schlüssel in petto. Er gibt ihn auch bereitwillig heraus, wenn er nur recht verstanden und ein kleines Stück weitergedacht wird – ein Stück, das hinzuzufügen man von einem Beamten und Diener der Wissenschaft, welcher zur Zeit der Französischen Revolution im preußischen Obrigkeitsstaat lebte und lehrte, fairerweise nicht erwarten konnte. Darum nun – wieder einmal – ein beherztes *Zurück zu Kant und weiter mit ihm auf seinem »ehrlichen Weg«!*

Auf diesen Weg verweisen uns auch die Kantianer der ersten Stunde mit ihren Ansätzen zur Rechtsphilosophie – und zwar nicht durch Vorwegnahme, sondern vielmehr durch das, was ihnen allen, einschließlich Fichtes, misslungen ist. Keiner von ihnen nämlich hat einen Rechtsbegriff zu entwickeln vermocht, der auch nur den Kantischen Gedanken gewachsen wäre, ausgehend von prinzipienkritisch untersuchter reiner praktischer Vernunft einen überzeugenden Begriff des Rechts und seines Prinzips zu exponieren und zu entwickeln.[13] Geschweige denn bietet einer von ihnen, soweit ich sehe, von da aus einen aussichtsreichen Ansatz für eine überzeugende Philosophie der Menschenrechte. Über die Neukantianer des 19. und 20. Jahrhunderts ist bezüglich eines solchen Ansatzes nichts Besseres zu sagen.[14] – Selbst Hegels ›Grundlinien der Philosophie des Rechts‹, die ein viertel Jahrhundert später erschienen als die Rechtsphilosophien der frühen Kantianer, taugen ohne eine genuin Kantische Korrektur nicht als Basis für eine Bestimmung und Begründung von Menschenrechten – oder jedenfalls nicht als eine Basis, die mit Kants Ausgangspunkt dafür konkurrieren könnte.[15]

---

[13] Vgl. *Notwendigkeit des Rechts unter Voraussetzung des Kategorischen Imperativs der Sittlichkeit* (Fulda 2006).
[14] Vgl. dazu a.a.O., 175–177; 178–182; 188f. Ferner *Krise und Untergang des südwestdeutschen Neukantianismus* (Fulda 2009); relevant darin für den vorliegenden Kontext 93 ff., insbes. die Seiten 97–122, die sich auf den gesamten Neukantianismus beziehen.
[15] Vgl. dazu *Menschenrechte – Plädoyer für einen Kantischen Ansatz* (Fulda

Auch hier kann Platon aufs kräftigste ermutigen, uns an diesen Ausgangspunkt zu halten, der zugleich einer für vernunftkritische, praktische Philosophie öffentlichen Rechts ist:

> Der Anfang ist, wie mir scheint, mehr
> als die Hälfte, und noch niemand hat je
> einen Anfang, wenn er schön gelungen
> ist, genug gepriesen.[16]

2013), Abschnitt IV [Nachdruck im Anhang des vorliegenden Bands; Anm. d. Herausgeberin]. Die dortigen Abschnitte I–III nehmen die Kapitel I.–III. der vorliegenden Abhandlung vorweg.
[16] *Nomoi*, 753e–754a: »Denn der Anfang ... ist die Hälfte des ganzen Unternehmens ...; indes ist er, wie mir scheint, noch mehr als die Hälfte, und noch niemand hat je einen Anfang, wenn er schön gelungen ist, genug gepriesen« (Platon 1977).

II.
Der Ansatz für eine Kant angemessene Begriffsbestimmung und Begründung von Menschenrechten

A) Kant gebraucht den Ausdruck »Menschenrechte« so gut wie nicht; jedenfalls gebraucht er ihn nicht in seinen rechts- und politikphilosophischen Hauptschriften.[17] Wohl aber ist da die Rede vom – universalen – *Recht der Menschen*. Kant versteht hierunter einen Inbegriff fundamentaler Rechtsnormen (für alle Menschen, unter Gesetzen der Freiheit einer praktisch möglichen, aber nicht eo ipso schon politischen, äußeren Gesetzgebung) mit unter diesen Normen bestehenden subjektiven Rechten aller sowie mit zugeordneten elementaren Rechtspflichten natürlicher Personen, deren Will-

---

[17] Zu Kantischen Werken werden im Folgenden, wenn nichts anderes verzeichnet ist, Seiten und (in römischen Ziffern) Bände der Akademie-Ausgabe (abgekürzt: AA) nachgewiesen. – Dem Textstellen-Index dieser Ausgabe zufolge kommt im ganzen, uns überlieferten Kantischen Oeuvre der Plural »Menschenrechte« nur ein einziges Mal vor – 1793 im gegen Moses Mendelssohn gerichteten Teil der Schrift Über den Gemeinspruch (AA VIII, 307), wo von »vorsätzlicher wechselseitiger Verletzung der heiligsten Menschenrechte« die Rede ist und mit dieser Formulierung zumindest angespielt wird auf jene Menschenrechte, die inzwischen in einigen westlichen Republiken feierlich deklariert worden sind. An allen anderen Stellen aber findet sich nur die Singularform »Menschenrecht«. Bis auf eine geben die Stellen deutlich zu erkennen, dass dabei das Wort »Menschenrecht« nicht in der begrifflichen Bedeutung gebraucht wird, die es seit dem letzten Drittel des 18. Jahrhunderts im Diskurs über Menschenrechte angenommen hat. Auch der Kantische Ausdruck »Recht der Menschen« (z. B. VI, 308) hat diese Bedeutung unverkennbar nicht. In einem Gedicht Kants auf den Tod seines Universitätsrektors und Fakultätskollegen Carl Andreas Christiani ist zwar offenkundig von Menschenrecht im Sinn eines subjektiven Rechts die Rede. Zweifellos aber ist darin nicht speziell auf derart subjektives Recht abgehoben, wie es die Menschenrechte auszeichnet (vgl. AA XII, 396).

kür sich nach dem Prinzip der Privatrechts-Autonomie betätigen kann und es auch darf – weil sie durch jene Normen auf die Willkür anderer abgestimmt ist, sofern deren Entscheidungen damit kollidieren könnten, jedoch im Rahmen der rechtlichen Befugnisse und Pflichten zu solchen Entscheidungen, soweit man sehen kann, gerade nicht kollidieren. So entsprechen den subjektiven Rechten unter jenen Normen in weitgehender Parallelität Rechtspflichten – nicht nur der jeweils anderen, sondern in mehreren Hinsichten auch der betreffenden Person selbst.[18] Wie wir's zu erwarten haben, sind hier die subjektiven Rechte im Recht der Menschen nicht eo ipso Menschenrechte, und ihre Verletzung durch andere ist für sich genommen noch keine Verletzung von Menschenrechten – dies aber insbesondere deshalb, weil die erwähnten, einfachsten subjektiven Rechte keine Rechte *auf* etwas derart Bestimmtes sind, dass es, so bestimmt, der juridisch notwendigen, nicht bloß willkürlichen Kooperation mit anderen bedarf. Sie enthalten vor allem keine *Ansprüche darauf*, dass andere Personen der betreffenden Rechtsperson, solange nicht ein vorher zwischen ihr und ihnen eingegangenes Rechtsverhältnis besteht, etwas *leisten* – zusätzlich dazu, dass sie freilich die subjektiven privaten Rechte der Person zu respektieren und sich eines Eingriffs in deren rechtlich bestimmte Willkürsphäre zu enthalten haben.

Wie und warum aber müssen vom Kantischen Ansatz einer Rechtsphilosophie aus Menschenrechte konzipiert werden – und in welcher Bedeutung der Rede von solchen? Die Kantisch gedachte Antwort auf diese Frage führt uns, obwohl von Kant selber nicht gegeben, *nicht unmittelbar* in die politische Philosophie oder zu einem staatlichen Souverän, sondern – das ist der entscheidende Punkt – erst einmal in ein *Vorstadium* davon und in eine grundlegende *Voraussetzung* für prinzipielle, *rechtliche* Bestimmtheit alles Politischen einschließlich des darin zu denkenden Verfassungsgesetzgebers und Souveräns. Das Vorstadium ist dasjenige der Verpflichtung zu *Herstellung und Erhaltung* eines *Zustandes* unter Menschen, in welchem es dann u. a. auch politische Souveräne gibt, in welchem

---

[18] Über Kants Begründung unter diesen Begriff fallenden (privaten) Rechts überhaupt und über die Begründung der Prinzipien solchen Rechts habe ich mich an anderer Stelle geäußert. Vgl. *Notwendigkeit des Rechts unter Voraussetzung des Kategorischen Imperativs der Sittlichkeit* (Fulda 2006) sowie *Erkenntnis der Art, etwas Äußeres als das Seine zu haben* (Fulda 1999).

aber – dem zuvor – solche Souveräne sich allererst *rechtlich* – von unter privatrechtlichen Normen lebenden Menschen aus – *bilden* sowie *erhalten* können und müssen, während die fundamentalen privatrechtlichen Normen unangetastet bleiben, ja sogar sich mit verstärkten Kräften wirksamer Geltung verbinden. Zugleich ist dieses Vorstadium des Politischen – zusammen mit der grundlegenden Voraussetzung von dessen rechtlicher Bildung und Erhaltung – die *Basis* für eine Kantisch gedachte Bestimmung des Begriffs von Menschenrechten und für eine zureichende Begründung der Behauptung, dass dieser Begriff instantiiert ist und dass sich inhaltlichere begriffliche Bestimmungen des Instantiierten entwickeln lassen.

Diese Kantische Basis einer Auskunft über Menschenrechte ist nun zu betrachten. Ich werde zunächst darlegen, worin sie besteht und woraus sich ihre Behauptung philosophisch rechtfertigt; dann aber zeigen, wie sich aus ihr ein Kantisch gedachtes Konzept von Menschenrechten ergibt und warum dessen Grundbestimmungen noch in ein umfassendes System öffentlichen Rechts hinein zu ergänzen sind, sodass man begreift, weshalb Menschenrechte *auch* in einem bedeutenden Sinne *politische* Rechte sind, ohne sich jedoch zu reduzieren auf Ergebnisse einzelstaatlicher Gesetzgebung – und sei's Verfassungsgesetzgebung; oder aber auf Konventionen zwischen einzelstaatlichen Souveränen bzw. auf Deklarationen zwischenstaatlicher Institutionen, wie das in einigen Varianten derzeitiger politischer Konzepte von Menschenrechten sowie nolens volens in der gegenwärtigen Wirklichkeit internationalen Rechts der Fall ist.

B) Zuerst also zur Frage, warum *kein unmittelbarer* Übergang von subjektiven Rechten der Privatrechtsautonomie und von deren Normen hinüber zur Autonomie politischer Souveräne zu denken ist. Die Frage führt in die Nähe der neuzeitlichen, klassisch-naturrechtlichen Lehre des exeundum est e statu naturae, also in den Umkreis des Gedankens, dass die Menschen aus einem vorstaatlichen »Naturzustand« in einen gesellschaftlichen, bürgerlichen oder politischen Zustand übergehen müssen. Der ganze Gedankenkontext ist in rechtsphilosophischen Überlegungen seit längerem verpönt oder zumindest geringgeschätzt. Was Kant dazu zu sagen hat, wird deshalb kaum noch genau angesehen, geschweige denn von sämtlichen vor ihm aufgetretenen Äußerungen zum Übergang aus dem einen in den anderen Zustand klar unterschieden. In Wahrheit aber ist Kants Auskunft hierzu höchst originell und überhaupt nicht mit den Schwächen der älteren Lehren behaftet. Sie arbeitet mit einer *streng rechtlichen*, auf keine natürlichen Interessen von Menschen im Naturzustand rekurrierenden Begründung für den Übergang. Sie nimmt aber in ihrer endgültigen Version[19] für diesen Übergang selbst nicht die Rechtsform eines (privatrechtlichen) Vertrags (oder irgendeiner Variante solcher »Sozialvertragstheorien«) in Anspruch und redet überhaupt nicht nur, ja, nicht einmal in erster Linie von einem – geschichtlichen oder fingierten – Übergang, dessen Ausgangspunkt ein Leben von Menschen *ohne* allen Staat sein soll und dessen nächstes Stadium dann sogleich durch das Leben derselben Menschen im vereinzelten Staat gekennzeichnet ist. Vielmehr redet Kant, was den Ausgangspunkt betrifft, von einem »nicht-rechtlichen« Zustand unter Menschen (unbestimmt, ob aller oder nur einiger). Er bestimmt diesen Zustand als einen, »in dem keine austeilende Gerechtigkeit ist«, welche jedem im Rechtsstreitfall durch justizielle Entscheidung seine subjektiven Rechte und alles zu ihnen Gehörige zuerkennt und wirksam zuteilwerden lässt. Dann wird gezeigt, dass der nicht-rechtliche Zustand unter Normen bloßer Privatrechtsautonomie, selbst wenn gegen diese Normen nicht im Mindesten verstoßen wird, unausweichlich sowohl eintritt als auch sich ausbreitet und dass dabei das Recht der Menschen keinerlei Geltung behalten kann, weil die Menschen es so durch Verwicklung in Rechtsfehden »überhaupt umstürzen« und nicht umhinkönnen, das zu tun.

M.a.W.: Solange die Menschen sich allein an ihre Privatrechtsautonomie halten, berauben sie sich, sogar ohne Rechtsverletzung, in einem nicht-rechtlichen Zustand zwangsläufig des Rechtsbodens, auf dem sie sich befinden. Die einzige rechtserhaltende Alternative dazu ist, dass die Menschen aus diesem Zustand heraus- und in einen rechtlichen übergehen, der zugleich ein öffentlich-rechtlicher ist. Das aber heißt: in einen Zustand mit wirksamer Sorge für *distributive* Gerechtigkeit, welche dank einer entsprechenden Gerichtsbarkeit samt zugehöriger Rechtsvollzugs-Institutionen das subjektive Recht dem, der es hat, im Zweifel wirksam zuteilwerden lässt.[20] Solche, nämlich justizielle, Gerechtigkeit bedarf, um zustande zu kom-

---

[19] D.h. in *Metaphysische Anfangsgründe der Rechtslehre* (1797), wenn auch noch nicht eindeutig in *Über den Gemeinspruch* (1793); vgl. aber hierzu den Anfang von Abschnitt II dieser Schrift mit den Aussagen der daran anschließenden ›Folgerung‹ (AA VIII, 297 ff; 307 ff.)!
[20] Ein Anarchist, der Kant bis hierher aufmerksam genug studiert, müsste seine helle Freude an diesem Gedanken haben.

men, ihrerseits auch der Sorge für (das Recht) *schützende* Gerechtigkeit und der Sorge für die *kommutative* Gerechtigkeit, gemäß welcher Träger subjektiver Rechte wechselseitig Gleichwertiges an Rechten erwerben können und überhaupt jede Auswechslung eines subjektiven Rechts gegen ein anderes derart auf gerechte Weise stattfindet, dass dabei ein subjektives Recht für ein (mindestens) äquivalentes anderes aufgegeben wird. Das prinzipiellste Rechtsgebot, ohne dessen Befolgung die so verstandene, dreigliedrige Gerechtigkeit kein »Zustand« zwischen Menschen werden kann, ist dasjenige der dritten Ulpianischen Rechtsregel: suum cuique tribue.[21]

Die *Pointe* aber ist erst, dass der nicht-rechtliche Zustand keineswegs bloß einer der ganzen Menschheit oder der in Frage kommenden Population auf einem gewissen Territorium ist und dass der Beginn des Übergangs in einen rechtlichen Zustand keineswegs unmittelbar schon einen politischen Zustand mit den zu diesem gehörenden politischen Gewalten herbeiführt. Im nicht-rechtlichen Zustand befindet sich vielmehr *jeder einzelne schon für sich* genommen, wenn, wo und wann immer er sich der Willküreinstellung hingibt, sein subjektives Recht, sobald es nach seiner Meinung gefährdet, verletzt, strittig ist oder Zweifeln ausgesetzt wird, in die eigene Hand nehmen zu wollen – anstatt den Streit darüber vor eine für justizielle Gerechtigkeit eintretende Instanz zu bringen und ihre Entscheidung gelten zu lassen. Alles Genannte aber kann grundsätzlich ebenso in einem Staat wie auch schon ohne die Existenz eines Staats, ja sogar schon ohne die eines förmlichen Gerichts der Fall sein. Der Übergang des Betreffenden aus solch nicht-rechtlichem Zustand in einen rechtlichen fällt also keineswegs zusammen mit dem, was das klassisch neuzeitliche Naturrecht als Beendigung des Naturzustandes unter den Menschen verstanden hat. Der Übergang beginnt überall dann und da, wenn und wo zwei oder mehr Träger subjektiver Rechte im Verhältnis zueinander den charakterisierten »natürlichen« sowie nicht-rechtlichen Zustand (nicht »Naturzustand«) der Einstellung ihres Willkürvermögens und des Verständnisses von Privatrechtsautonomie aufgeben und sich darauf festlegen,

---

[21] Vgl. AA VI, 237. Das Rechtsgebot ist bei Licht besehen noch grundsätzlicher zu nehmen, als es Kant an der erwähnten Stelle sogleich deutet. Näheres dazu im Folgenden. (Zuweilen verweist der fortlaufende Text dabei auf Kants *Metaphysische Anfangsgründe der Rechtslehre* mithilfe der üblichen Abkürzung MARL dieses Werktitels.)

Der Ansatz für eine Begründung von Menschenrechten 31

eine *lexikalisch vorrangige* Rechtspflicht zu erfüllen – also willens werden, diese Pflicht zu befolgen: die Rechtspflicht nämlich, aus dem natürlichen, nicht-rechtlichen Zustand untereinander in einen rechtlichen überzugehen. Die Forderung in dieser Pflicht, deren Norm darin ihren Grund hat, dass einzig so der Ruin allen Rechts zwischen Menschen vermeidbar wird, gehört als Rechts-imperativ ebenso wie die diesen Imperativ begründende Norm durchaus noch zum Privatrecht. Sie ist also noch keine politische, sondern sozusagen eine simpel *moralisch*-rechtliche Norm. Aber sie besteht nicht um irgendeines pragmatischen oder ethischen Interesses willen (und sei's eines der Erhaltung des je eigenen Lebens), sondern als nur minimal bedingte Rechtsforderung. Kant nennt sie das »Postulat des öffentlichen Rechts«.[22] Es verlangt von jeder Rechtsperson für den Fall, dass sie den Willkürkontakt mit anderen nicht gänzlich vermeiden kann und meidet, aus dem natürlichen Zustand heraus in den einer distributiven Gerechtigkeit überzugehen. Man darf jedoch nicht übersehen, dass in diesem Rechtsgebot schon fünf noch elementarere Rechtsforderungen enthalten sind: die der drei Ulpianischen Rechtsregeln in einem strikt aufs Recht unter einer möglichen äußeren Gesetzgebung begrenzten Verständnis[23] und diejenige (das Recht, wo immer es besteht) schützender Gerechtigkeit, nicht zuletzt aber auch die Forderung kommutativer Gerechtigkeit.

Bereits damit nämlich ändert sich – noch im nicht-rechtlichen Zustand – das rechtliche Verhältnis eines jeden Menschen zu denjenigen, mit denen er unvermeidlich in Willkürkontakt steht. Der politische, bürgerliche oder gesellschaftliche Zustand hingegen tritt allein hiermit noch nicht ein. Durch die so veränderte Rechtswahrnehmung (im feststellenden ebenso wie aktiven Sinn) ist sozusagen erst der *Beginn* des Übergangs aus dem einen, ausschließlich privatrechtlichen Zustand in den politischen (durch die Etablierung staatlichen und überstaatlichen öffentlichen Rechts) markiert. Er sorgt öffentlich-rechtlich für gerechte justizielle Entscheidungen in Rechtsstreitsachen und bringt in Folge davon eine den natürlichen

---

[22] Zur Begründung dieses Postulats vgl. *Kants Postulat des öffentlichen Rechts (RL § 42)* (Fulda 1997).
[23] AA VI, 236f.: *honeste vive* (im Sinn von »sei ein rechtlicher Mensch«), *neminem laede* (»tue niemandem Unrecht«), *suum cuique tribue* (»tritt in einen Zustand, worin jedermann das Seine gegen jeden anderen gesichert sein kann«).

Rechtsträgern übergeordnete Instanz für solche Entscheidungen ins Spiel, die schon unter der Voraussetzung bloßer Privatrechtsautonomie als praktisch möglich zu denken ist.[24] Nicht aber kommt damit eo ipso ein Staat mit seinen öffentlichen Gewalten und seinem Souverän zustande. Hierdurch verliert der Übergang in den politischen Zustand jene Unmittelbarkeit, die ihm gewöhnlich zugesprochen wird. Im bloßen Beginn des Übergangs aber liegt zugleich der *Ursprung* sowohl des Konzepts von Menschenrechten als auch einer Kantischen Begründung solcher Rechte. Das ist nun endlich zu zeigen.

C) Das Postulat des öffentlichen Rechts (mit den darin schon enthaltenen rechtlichen Forderungen) ist ein merkwürdiger Rechts-Satz oder Rechts-Imperativ[25] nicht nur deshalb, weil ihn jeder (zur Wahrnehmung von Rechtspflichten und -ansprüchen fähige) Mensch *mit Vorrang* vor allen sonstigen Rechtspflichten gegen andere zu befolgen hat, wenn er nicht ausnahmsweise die Option besitzt, allen Willkürkontakt mit anderen erfolgreich zu vermeiden, und sich dafür entschieden hat. Dieser *kategorische Sollsatz* ist als Postulat auch mit dem Wissen verbunden, befolgbar zu sein;[26] darüber hinaus aber als praktisches *Postulat* auch mit einem *Wissen, wie* die Handlung auszuführen ist.[27] Zu diesem Wissen gehört zweifellos auch das

---

[24] Vgl. AA VI, 297 (§ 36).
[25] Der Vereinfachung halber wird hier, wie zuweilen auch im Folgenden, »Imperativ« gesagt, obwohl der (in der zweiten grammatischen Person formulierte) Soll-Satz, der ein Tun-Sollen bezeichnet, genau genommen von einem Imperativ, der aus ihm folgt, noch zu unterscheiden wäre, insofern ein Imperativ (in der zweiten Person redend) ein Sollen zwar zum Ausdruck bringt, aber die angeredete Person direkt, d. h. ohne ein »du sollst«, anweist, etwas Bestimmtes zu tun oder zu unterlassen, das so (oder so) dem Gesollten entspricht.
[26] – nach dem Prinzip »Du kannst, denn Du sollst«.
[27] Ein Postulat nämlich ist – gemäß der von G. B. Jäsche (1800) herausgegebenen *Logik* Kants – ein »praktischer unmittelbar gewisser Satz oder ein Grundsatz, der eine mögliche Handlung bestimmt, bei welcher vorausgesetzt wird, dass die Art, sie auszuführen unmittelbar gewiß sei«. Für einen solchen Grundsatz, dessen Befolgung im vorliegenden Fall Vorrang hat vor derjenigen aller sonstigen besonderen Imperative des Privatrechts (sodass sie allein schon aufgrund des allgemeinen Rechtsgesetzes und andernfalls eintretenden Rechtsfiaskos verbindlich geboten ist) *muss* gelten, dass man bereits in der eigenen Rechtsvernunft Bescheid weiß, *wie* eine jede, den Imperativ befolgende äußere Handlung auszuführen ist. Die Voraussetzung, dass es so sei, wird also nicht grundlos gemacht. Das schließt freilich nicht aus, dass man

Wissen, dass kein Mensch ganz allein in den Zustand einer erfolgreich zum Zuge kommenden distributiven Gerechtigkeit übergehen kann, es sei denn die Instanz dafür und ihre Gewalt oder Autorität, sich mit ihren Entscheidungen durchzusetzen, wären schon etabliert. Das aber ist für den nicht-rechtlichen Zustand im Bewusstsein des Postulats gerade nicht vorauszusetzen, selbst wenn es de facto dank der Leistungen anderer schon vollkommen der Fall wäre. Zur notwendigen Bedingung dafür, dass es auch gewussterrmaßen der Fall ist, gehört natürlich, dass mit dem so Wissenden, welcher jeweils das Postulat erfüllen soll und will, alle diejenigen *kooperieren*, von deren Kooperationsbereitschaft die Befolgbarkeit des Postulats beim Betreffenden abhängt. Außerdem aber muss natürlich der jeweilige Adressat des im Postulat ausgedrückten Rechtsimperativs bewusst mit den anderen kooperieren, deren Willkür der seinen ins Gehege kommen kann. Aber eine *Gemeinschaft* zwischen ihm und ihnen ist weder dem Sollsatz noch seiner Befolgung vorausgesetzt. Selbst wenn sie de facto besteht, kommt sie im Postulat und seiner Befolgung nur als Folge der letzteren in Betracht. Wenn zum Inhalt des so zu verstehenden Postulats wenigstens einige Menschenrechte gehören, die den Begriff dieser Gruppe von subjektiven Rechten exemplifizieren, wird man daher sagen müssen, dass die Menschenrechte – wie ich eingangs behauptete – ihrem Begriff nach nicht von irgendeiner Gemeinschaft kommen. Vielmehr wohnen sie dann schon der rechtsbestimmenden praktischen Vernunft eines jeden Menschen

---

es beim Befolgen des Postulats mit vielen Handlungen zu tun hat, unter denen auch mit Handlungen anderer zu koordinierende sind, und dass es zur optimalen Aufeinanderfolge und Koordinierung all dieser Handlungen unter denjenigen, welche Adressaten desselben Sollsatzes und dadurch zur kooperativen Erfüllung derselben Aufgabe verpflichtet sind, einer *Verständigung* bedarf. Die Normen dieser Verständigung sind von Kant nicht thematisiert worden. Zweifellos aber sind auch unter ihnen *praktische* Normen; sie erschöpfen sich also nicht in Verständigungspragmatik. Sie zu explizieren und zu begründen wäre eine eigene Aufgabe. Ihr nachzugehen würde zweifellos erfordern, den *hermeneutischen Tendenzen* in den gegenwärtigen philosophischen Menschenrechtsdiskursen besser Rechnung zu tragen, als dies um prinzipieller Fragen willen im Folgenden geschieht. Zugleich aber müssten die hermeneutischen Prinzipien dafür – anders als in der heutigen diesbezüglichen Literatur – auch eigens für die genuin praktische Erkenntnisperspektive spezifiziert werden. Nirgendwo aber wäre ein besserer Ansatz für diese Spezifikation zu finden als in Kants *Kritik der praktischen Vernunft* und ihrer Lehre von den Kategorien der Freiheit.

ohne Voraussetzung solcher Gemeinschaft inne. Sie sind also auch nicht abhängig von der einen oder anderen Kultur des Zusammenlebens derjenigen, welche die Gemeinschaft miteinander haben. Das Bestehen zwischenmenschlicher Gemeinschaft ist ja für den ganzen Inhalt des Postulats nicht vorausgesetzt. Dem Postulat gemäß wäre es sogar widersinnig, fürs Denken solchen Inhalts diese Voraussetzung zu machen. Man vergesse aber auch nicht: Die prinzipielle Gemeinschaftsvoraussetzung ist bis heute einer der Hauptgründe, aus denen Menschenrechte rechtswidrig (nämlich sozialethisch) gedeutet und dann den nicht zur Gemeinschaft Gehörenden oder aus ihr Ausgestoßenen sogar aberkannt oder vorenthalten, zumindest aber in Bezug auf sie nicht eigens erwogen werden.

In allem, was nun berücksichtigt ist, erschöpft sich das fragliche Wissen-wie jedoch nicht. Für das Kooperieren anderer, das zum praktischen Wissen der im Postulat liegenden rechtlichen Verpflichtung gehört, kann nicht nur die faktische Bereitschaft oder Nachgiebigkeit der anderen ausschlaggebend sein. Über ihr Vorliegen weiß der mit dem Postulat Konfrontierte, solange er sich im nichtrechtlichen Zustand befindet, normalerweise ja auch ziemlich wenig. Da das gewusste Kooperieren anderer mit begrifflicher Notwendigkeit enthalten ist im Wissen, wie das Postulat befolgt wird, eine generelle Befugnis zu Zwang, welcher das Recht individuell in die eigene Hand nimmt, jedoch gemäß dem Postulat nunmehr gerade das Aufzugebende ist, muss hier auf Seiten eines jeden, der unter der praktischen Forderung des Postulats steht, in rechtlicher Hinsicht mehr und noch anderes gewusst sein als bloß faktisch Vor- oder nicht Vorliegendes. Doch selbst das Wissen, dass auch jeder andere das Postulat ebenfalls (nicht zuletzt gemäß eigenem praktischem Wissen) zu befolgen hat, reicht nicht aus, wenn ein Befolgen durch Kooperieren geboten ist und dabei gewusst wird, wie man's bewerkstelligt. Es dürfte in eines jeden Bewusstsein des Postulats vielmehr zum Wissen-wie von dessen Erfüllbarkeit auch das *praktische* Wissen gehören, *an die anderen,* von deren Kooperation die Befolgbarkeit des Postulats für jemanden abhängt, einen *Rechtsanspruch auf* die betreffende Kooperation zu haben und über Durchsetzung dieses Rechtsanspruchs (durch wen und mithilfe von wessen Gewalt auch immer) das Postulat erfolgreich befolgen zu können. Der Inhalt des Postulats ist gewissermaßen eine *Aufgabe,* zu deren Erfüllung nach jeweiligem Vermögen beizutragen geboten ist, wobei aber die zur Erfüllung beitragenden Handlungen hinsichtlich der

Art ihrer Ausführung (im Unterschied zum Fall eines Problems) unmittelbar gewiss sind, *obwohl* die Erfüllung der Aufgabe nur durch koordiniertes Zusammenhandeln mehrerer zustande kommt. Das dürfte nur so zu verstehen sein, dass die rechtlich zur Koordination Verpflichteten *wechselseitig aneinander* einen *Anspruch haben auf* eine der Aufgabe gemäße und dem jeweiligen Vermögen zur Mit-Wahrnehmung entsprechende Beteiligung der jeweils anderen an der Aufgabe-Erfüllung. Für den näheren *Inhalt* dieses Anspruchs aber ist die Frage entscheidend, worin die Aufgabe genau besteht.

Was kann und muss man zum Inhalt des fraglichen Wissens-wie noch sagen? Vom drohenden Ruin allen Rechts der Menschen als Ursprung der Aufgabe her ist leicht auszumachen, dass es nun nicht darum gehen kann, bloß irgendeinen (begrenzten) politischen Zustand herzustellen, dessen Gewalt dann selbst alle Rechte geben mag, darunter auch *beliebige*, innerhalb der politischen Einheit unter dieser Gewalt geltende *private* Rechte. Vielmehr müssen die *schon* unterm Recht der Menschen *bestehenden*, wenn auch gefährdeten privaten Rechte *unbeschädigt erhalten* bleiben – mit der einzig hier relevanten[28] Ausnahme genereller rechtlicher Befugnis zu je von den individuellen Rechtsträgern ausübbarem, das Recht in die eigene Hand nehmendem und den Richter sowie Gerichtsvollzieher in eigener Sache machendem Zwang. Einzig diese Befugnis, die im nicht-rechtlichen Zustand jeder sich allein von ihrer Privatrechtsautonomie bestimmen lassenden Person zukommt, muss aufgegeben werden. Ineins damit aber muss zur Erfüllung der Aufgabe die Ausrichtung *allen* Rechts – des privaten sowie des (rechtlich möglichen) öffentlichen – auf *Gerechtigkeit* (in der Trias beschützender, wechselseitig erwerben lassender und distributiver, d.h. justizieller) erhalten bleiben und zu ihrer Erhaltung (schließlich dann auch durch Etablierung öffentlich-rechtlicher Gewalt) gesichert werden, nachdem sie zuvor schon durch die im Postulat des öffentlichen Rechts enthaltenen Rechtsforderungen und ihre Normen präzisiert ist. Das alles gehört zur *Basis* für eine Bestimmung des Begriffs von Menschenrechten, die kantisch gedacht ist und dazu taugt, die Behauptung zureichend zu begründen, dass dieser Begriff instantiiert ist.

---

[28] Veränderungen am Inhalt privaten Rechts, die mit der Ablösung seines provisorischen Status durch einen peremtorischen einhergehen (vgl. AA VI, § 9), gehören nicht hierher.

III.
Grundzüge eines Kantisch gedachten Menschenrechte-Konzepts

Was ergibt sich aus dem Bisherigen im Hinblick auf einen sich gut einführenden Begriff der Menschenrechte; und welches Potential zur Begründung derselben enthält dieser Begriff? – Gewiss dürfen wir *nicht davon ausgehen*, der Übergang, um den es nun geht, müsse zu einem souveränen Staat führen. Am Ende, beim Befolgen des Postulats, mag sich herausstellen, dass es unter anderem so ist. Zunächst aber ist dem Postulat gemäß nur zu denken, dass der Übergang den nicht-rechtlichen Zustand zugunsten eines rechtlichen beenden muss – zugunsten eines Zustandes nämlich, in welchem die distributive (d.h. justizielle) Gerechtigkeit zum Zuge kommt; und dass er erfolgen muss, weil andernfalls ein Fiasko allen Rechts der Menschen unvermeidlich ist. Oberstes Rechtsgut ist also für den Übergang die Erhaltung, Sicherung und Wirksamkeit des Rechts der Menschen. Dieses Recht aber kann bei Errichtung einer souveränen Gewalt, die allen übrigen Willkürvermögen von Menschen an Macht überlegen ist, fast ebenso leicht zuschanden werden wie in einem Fehdezustand, der alle natürlichen Personen und Personenverbindungen in seinen Strudel hineinzieht. Man muss sogar sagen: Das Recht der Menschen wäre auch dann und dadurch höchst gefährdet; es wäre sogar aufs Äußerste beschädigt, wenn es sich *verwandeln* würde in – wie immer zustande kommendes – positives Recht eines vereinzelten souveränen Staats, der bloß *seine* Vorstellungen – und sei's von Gerechtigkeit – durchdrückt. Auch ein paar auf Kompromiss und Konsensbildung ausgerichtete, diskurspragmatisch begründete Regeln für den souveränen Gesetzgeber oder Verfassungsgesetzgeber dieses Staats würden daran nichts Wesentliches ändern. Unter einfachen zwischenmenschlichen Verhältnissen hingegen mag ein Rabbi, Seelsorger oder Mullah bewirken, dass die Menschen seiner Umgebung aus dem nicht-rechtlichen Zustand heraustreten und sich durch ihn vermittelt richterliche Gerechtigkeit durchsetzt,[29] auch wenn damit dem Postulat des öffentlichen Rechts noch längst nicht voll entsprochen ist. Nur darf sich beim Befolgen und Durchsetzen des Postulats als eines *rechtlich*-praktischen keiner anmaßen, anderen bestimmte Motive oder Zwecksetzungen aufzuzwingen. Jeder muss sich bei der Kooperation darauf beschränken, gemäß dem vom Postulat Geforderten bei den anderen das äußere Handeln (bzw. Unterlassen) sowie die Willküreinstellung hierauf zu beeinflussen. Ob solches Einwirken auf die anderen auch deren Zwecke betrifft und Tugendgesinnung fördert oder ihr nicht dienlich ist, muss rechtlich gleichgültig bleiben, solange es nicht um Strafrechtspraxis geht. Zu beachten, dass es dafür gleichwohl gewisse andersartige, nämlich ethische, Normen gibt, gehört also nicht hierher. Im Unterschied zum »Recht im weiteren Sinn« gehört es nicht zum *strikten Recht*, »dem nichts Ethisches beigemischt ist« (AA VI, 232). Andernfalls wäre damit bereits der erste Schritt zu einem Tugendregime getan, und die Folge wäre Korrumpierung des Rechts. In ihrer Fortsetzung läge die Errichtung einer Robespierre'schen Schreckensherrschaft.

Was also hat hier mit dem Gehalt der subjektiven Rechte unterm allgemeinen Recht der Menschen zu geschehen, damit dieses Recht als eines *der* (d. h. aller) Menschen erhalten bleibt? Was muss zur Erfüllung der im Postulat des öffentlichen Rechts enthaltenen Aufgabe getan und diesem Postulat zufolge erkennbarerweise gedacht sowie beachtet sein, damit sich das Recht der Menschen erhält? Für die Beantwortung der nun so zugespitzten Frage sind die *Ansprüche* ausschlaggebend, welche die das Postulat Befolgenden an jeweils andere richten (die es befolgen oder nicht befolgen) und welche die vom Imperativ im Postulat Verpflichteten auch *haben*, ob sie sowie die jeweils anderen dieses Postulat nun befolgen und die Ansprüche erheben oder nicht. Um hier den für unser Thema entscheidenden Schritt zu tun, sollte man sich Gedanken machen zu vier Aspekten der Ansprüche, um die es hier geht:

1. *Wer hat* die Ansprüche?
2. *Welchen* – generell, aber genau bestimmten – *Inhalts* sind die Ansprüche und welche *fundamentalen Spezifikationen* zeichnen sich unter ihnen ab?

---

[29] Vgl. zur Veranschaulichung Isaac Bashevis Singer (1971), *Mein Vater der Rabbi. Bilderbuch einer Kindheit.*

3. *An wen*, genau, richten sie sich? – Nicht zuletzt aber:
4. *Inwiefern* bestehen sie – so, wie nach 1.–3. genommen – *aufgrund* der verpflichtenden Forderung, die mit dem Postulat des öffentlichen Rechts an jeden Menschen als Menschen ergeht?

1. Am einfachsten ist zu sagen, *wer* die Ansprüche *hat*. Natürlich hat sie jeder individuelle Mensch *als* Mensch. Aber das heißt nun präziser: Jeder hat sie insofern, als er sich, bloß als Mensch genommen, vor anderen nicht dadurch auszeichnet, ausnahmsweise über die Willküroption zu verfügen, sich aus allem Verkehr mit anderen erfolgreich zu entfernen, und dieser Option entsprechend gehandelt zu haben.[30] Jeder individuelle Mensch hat die Ansprüche aber – bloß als Mensch – auch ganz unabhängig von der Frage, ob er sich dadurch auszeichnet, dass er das Postulat des öffentlichen Rechts befolgen kann, oder ob er das nicht kann oder das Postulat sogar nicht einmal als solches wahrzunehmen vermag. Es genügt, dass er ein zum Individuum gewordenes Menschenwesen ist. Ferner: Alle, die vor der Forderung dieses Postulats stehen, haben dadurch den oben [unter II C)] in abstracto bezeichneten Rechtsanspruch also auch ganz unabhängig von der Frage, ob sie das Postulat im Umfang des ihnen hierzu möglichen und rechtlich erlaubten Beitrags erfüllen oder nicht. Insofern gilt: Wenn dieser Anspruch impliziert, dass es Menschenrechte gibt,[31] dann haben wirklich *alle* individuellen Menschen *als Menschen* diese Menschenrechte auch in vollem Umfang – im Unterschied zu den *Bürgerrechten*, die für einige von ihnen in jeweils einem besonderen Staat gemäß dessen Verfassung bestehen. Ja, sogar im Unterschied zu zivilgesellschaftlichen Rechten, die für jedes Mitglied der betreffenden Zivilgesellschaft bestehen. Der Unterschied markiert zugleich einen *Gegensatz*: Denn Bürgerrechte, so genommen, bestehen nur *in* einem *je besonderen* Staat und in jedem Staat nur *für einige* unter allen – selbst unter allen

---

[30] Ganz so wie jeder Mensch, bloß als Mensch genommen, sich vor anderen nicht dadurch auszeichnet, von allem Verkehr mit anderen entfernt zu sein und sich entfernt halten zu können. Eben deshalb ist der im Postulat öffentlichen Rechts enthaltene Rechtsimperativ auch für jeden, bloß als Menschen, kein hypothetischer, sondern ein kategorischer.
[31] – weil damit nämlich eine notwendige Bedingung von Menschenrechten, die schon in subjektiven Rechten unterm Recht der Menschen besteht, durch eine weitere – sie zu einer auch hinreichenden machenden – Bedingung ergänzt wird.

darin lebenden – Menschen, für andere aber nicht; und sie bestehen nur aufgrund besonderer Qualifikationen und rechtlicher oder zumindest rechtlich relevanter Akte. Ebenso bestehen zivilgesellschaftliche Rechte nur für jedes Mitglied der betreffenden Zivilgesellschaft, aber nicht für andere – und das selbst dann, wenn wir es mit einer bürgerlichen Gesellschaft zu tun haben. Auf der Gegenseite hingegen gilt, dass die mit dem Postulat des öffentlichen Rechts verbundenen Pflichten und die sich daraus ergebenden Rechtsfolgen weit über all dasjenige hinausgehen, was zur Bildung eines vereinzelten Staats oder gar bloß seines Verfassungsgesetzgebers führt.[32] Die Pflichten und ihre Rechtsfolgen gelten auch vorrangig vor allem, was von Bürgerseite aus zur Erhaltung dieses Staats beiträgt und dessen Bürger begünstigend oder forderund betrifft. Sie gelten sogar vorrangig vor den Pflichten einer Zivilgesellschaft, und das selbst dann, wenn diese die alle Menschen umfassende bürgerliche Gesellschaft ist.

2. Zum *Inhalt* des schon generell gekennzeichneten, allen Menschen zukommenden Anspruchs und zu *Spezifikationen* desselben in je besonderen Ansprüchen werden wir eine ganze Reihe von Aussagen machen müssen, durch die dann unter anderem auch die Behauptung bekräftigt werden wird, dass für den Begriff der Menschenrechte und fürs Bestehen von Menschenrechten überhaupt eine zwischenmenschliche Gemeinschaft keine konstitutive Voraussetzung ist, sodass diese Rechte auch nicht von einer solchen kommen können. Desgleichen wird dadurch die Chance zur Begründung von Menschenrechten konkretisiert und erstmals eine vage Strukturierung der Verschiedenheit einzelner Menschenrechte absehbar werden.

a) Wenn, wie gesagt, die im Postulat enthaltene imperativische Forderung befolgt werden soll nach dem Grundsatz einer in Auswechslung gegeneinander – und insofern kommutativ – mit aufzugebender Befugnis (mindestens) gleichwertige Rechte erwerben lassenden Gerechtigkeit, so wird die (zunächst im allgemeinen Begriff des Rechts und seines allgemeinsten Prinzips implizierte) Befugnis der Einzelnen, Andere in den Rahmen bestehender subjektiver Rechte (und mit diesen einhergehender Rechtspflichten gegen die Befugten) notfalls zu zwingen, *nicht* einfach *ersatzlos* entfallen können. Sie wird mindestens – zunächst jedenfalls und bekräftigt

[32] Vgl. AA VI, §§ 43 f.

durch die im Postulat des öffentlichen Rechts enthaltenen Rechtsforderungen – in den rechtlichen Anspruch aller übergehen müssen, Andere, mit denen im Erfüllen der Rechtspflicht zu kooperieren ist, synergetisch (notfalls mit Gewalt) zu entsprechendem Verzicht auf Selbstjustiz zu bringen und für die aufgegebene Befugnis dauerhaft eine reelle Chance auf Erhaltung des Rechts der Menschen und aller weiterhin unter ihm bestehenden subjektiven Rechte zu bekommen. So führt das Postulat des öffentlichen Rechts im Wissen, wie es zu befolgen ist, zum *Anspruch* eines jeden *auf* diese *Kompensation* – und zwar so, dass damit alle übrigen subjektiven Rechte aus dem Recht der Menschen erhalten bleiben, darüber hinaus aber dauerhaft (im Maße anhaltender Kooperation) gesichert werden. Diese Substanz-Erhaltung der subjektiven Rechte aus dem Recht der Menschen (einschließlich ihrer Einbettung in die aus ihm bestehenden Rechtspflichten) wird natürlich auch für alle übrigen, besonderen Ansprüche unterm bislang generell gekennzeichneten Anspruch gelten müssen, so wahr das Postulat des öffentlichen Rechts nach dem Grundsatz kommutativer sowie bestehende Rechte schützender Gerechtigkeit und gemäß den Ulpianischen Rechtsregeln zu erfüllen ist.

b) Ein weiterer besonderer Anspruchsinhalt, der mit jedem Schritt zur Befolgung des im Postulat formulierten Imperativs gegenüber den zur Kooperation gebrauchten Anderen geltend zu machen ist, geht zweifellos darauf, dass diese Anderen jeweils nach ihrem Vermögen beitragen zu einer Bildung und Erhaltung leistungsfähiger, öffentlich ausgeübter Rechtsfunktionen, deren Wirken nicht etwa der Entfaltung größtmöglicher Macht überhaupt dient, sondern auf Optimierung der Durchsetzung distributiver Gerechtigkeit gerichtet ist und zu erfolgen hat gemäß den in der Forderung solcher Gerechtigkeit schon enthaltenen Rechtsgeboten. Das wiederum impliziert, wie mir scheint, Anspruchsinhalte, mit denen wir endlich zum Konzept der Menschenrechte kommen: Die distributive Gerechtigkeit lässt sich ja nur durchsetzen über Rechte schützende und wechselseitig erwerben lassende Gerechtigkeit sowie ihre Garantie. Daher muss der wechselseitig bestehende und zu erhebende Anspruch auf Leistungen anderer unter den nur kooperativ zu erbringenden Leistungen auch kollektiv zu treffende *rechtliche Vorkehrungen* dafür umfassen, dass die subjektiven Rechte aus dem Recht der Menschen erhalten bleiben und ihr wechselseitiger Erwerb gerecht erfolgt. Das aber will recht verstanden werden.

Die Kompensation, von welcher in a) die Rede war, kann keineswegs bloß von Fall zu Fall erfolgen oder gar nur nach dem Maß von Leistungen, die in Befolgung des Postulats erbracht werden. Das würde nicht nur ein Wissen, wie das Postulat zu befolgen ist, illusorisch machen. Es befände sich vor allem auch im Widerstreit zur dreifachen Gerechtigkeit, auf deren Wirksamkeit die Forderung des Postulats gerichtet ist. Ihr gemäß muss vielmehr jedem Adressaten dieser Forderung als einem Rechtsträger, der einzelner Mensch und natürliche Rechtsperson ist, all dasjenige an subjektiven Rechten, also Rechtsansprüchen, zuerkannt werden, ohne welches die Preisgabe der Befugnis, andere notfalls in die Grenzen bestehenden Rechts zu zwingen, im Rechtsträger beim Übergang in einen rechtlichen Zustand kein überzeugendes Äquivalent hätte, das der Situation des Übergangs und allemal schon dessen jeweiligem Stadium angemessen ist. Dem einzelnen Menschen als natürlicher Person müssen also *dauerhaft und generell* diejenigen Rechtsansprüche zukommen, ohne die sein Wissen, wie das Postulat zu befolgen ist, keinen Bestand haben könnte. Und die *Differenzierung* dieser Ansprüche muss der mit dem Postulat generell an den Einzelnen gerichteten Forderung in mehrerlei Spezifikationen des Wissens-wie entsprechen. Sie muss sich strukturieren im Blick auf Bedingungen, welche für die Postulatsbefolgung *praktisch notwendig* sind, und darf auch ihre für frühere Stadien des Übergangs erkannte Notwendigkeit in späteren Stadien nicht verlieren, sondern darin allenfalls ergänzt finden.

Schon für das *Anfangsstadium* strukturiert sich die Differenzierung unter mindestens drei Gesichtspunkten: insofern nämlich, als die praktisch notwendigen Bedingungen bereits hier *zum einen* in der Natur des Rechtsträgers selbst liegen, aber ihre Erfüllung eigens gesichert werden muss; *zum anderen* insofern, als sie dessen Relation zu seinen subjektiven Rechten unterm Recht der Menschen betreffen, die schon bestehen, aber im nicht-rechtlichen Zustand gefährdet sind; *zum dritten* aber insofern, als sie charakteristisch sind für das Verhältnis des Betretenden zu einer justiziellen Gerechtigkeit, auf die kooperativ mit anderen hinzuwirken ist.

In jeder dieser drei Hinsichten lassen sich relativ leicht unumgängliche Anspruchstypen ausmachen und als einzelne Menschenrechte identifizieren. Zugleich finden sich diese Ansprüche in den wichtigsten Menschenrechtskatalogen seit Ende des Zweiten Weltkriegs verzeichnet: In der *ersten* Hinsicht gehören dazu *Persönlichkeits-*

rechte wie diejenigen auf *Leben*[33], *körperliche Unversehrtheit*[34] und eine beidem entsprechende *Sicherheit*[35] der Person sowie das *Verbot von Sklaverei* und *Folter*;[36] aber auch *Freiheitsrechte*, in denen das (einzige) »angeborene Recht«[37] sich inhaltlich reicher bestimmt als in der Unmittelbarkeit, in der es angeboren ist: z. B. als Anspruch auf Achtung des *Privatlebens*,[38] Freiheit der *Information*,[39] der *Gedanken*, des *Gewissens*, der *Religionsausübung*,[40] sowie auf *Versammlungs-* und *Vereinigungs*freiheit.[41] Nicht zuletzt gehört zu dieser Hinsicht aber auch der Anspruch auf Chancen zur *freien Entfaltung der Persönlichkeit* und zur *Bildung*.[42]

Unter dem Gesichtspunkt der *zweiten* Hinsicht hat man es einerseits zu tun mit Anspruch auf kollektiven *Schutz* und Achtung von subjektiven Rechten, die, ohne angeboren zu sein, schon (wie insbesondere *Eigentums*-Ansprüche)[43] unterm Recht der Menschen bestehen, mag dieser Schutz in der ersten Phase des Übergangs in einen rechtlichen Zustand auch noch kein durch öffentliche Gewalten oder gar durch staatliche Gewalt garantierter sein. Des Weiteren gehört zu dieser Hinsicht zweifellos auch der Anspruch, dass der Rechtsträger im ursprünglichen Besitz und in der Möglichkeit zur Wahrung seiner subjektiven Rechte vor dem Gesetz allen anderen Rechtsträgern, die natürliche Personen sind, *gleichgestellt* ist.[44] Also gehört zu den menschenrechtlichen Normen auch eine, aus welcher das Verbot rechtlicher Diskriminierung folgt – wie z. B. einer Diskriminierung wegen des Geschlechts oder wegen ethnischer Zugehörigkeit, Rasse, Abstammung, religiöser Bindung. Auch hier mag

---

[33] *Grundgesetz für die Bundesrepublik Deutschland*, 1949 (= GG), Art. 2 (2); vgl. *Allgemeine Erklärung der Menschenrechte* der Vereinten Nationen, 1948 (= AE), Art. 3; Europarat-*Konvention zum Schutze der Menschenrechte und Grundfreiheiten*, 1950 (=EK), Art. 2 (1)
[34] GG, a.a.O.
[35] AE, Art. 3; EK, Art. 5 (1).
[36] AE, Art. 4, Art. 5; EK, Art. 4, Art. 3.
[37] Kant 1797, AA VI, 237,5, 238.
[38] EK, Art. 8 (1); vgl. AE, Art. 6, Art. 12.
[39] GG, Art. 5 (1); AE, Art. 19; EK, Art. 10.
[40] GG, Art. 4 (1), (2); AE, Art. 18; EK, Art. 9
[41] GG, Art. 8 (1), 9 (1)–(3); AE, Art. 20.
[42] GG, Art 2 (1); AE, Art. 26, 1., 2.; vgl. *Verfassung des Landes Niedersachsen*, 1993, Art. 4 (1).
[43] GG, Art. 14; AE, Art. 17.
[44] GG, Art. 3; AE, Art. 2, Art. 7; EK, Art. 14.

Grundzüge eines Kantisch gedachten Menschenrechte-Konzepts 43

zum Anspruchs- und Verbots-Inhalt natürlich durch Etablierung öffentlicher und politischer Gewalten noch weiteres hinzutreten.

In der *dritten* Hinsicht schließlich bedarf es, damit das Postulat des öffentlichen Rechts befolgt wird, auf Seiten des jeweiligen Rechtsträgers eines menschenrechtlichen Anspruchs auf *rechtliches Gehör*,[45] auf ein *faires Verfahren* im Rechtsstreitfall[46] und, nicht zuletzt, auf Einrichtung einer *Gerichtsinstanz* für Menschenrechtsstreitigkeiten.[47] – Bereits fürs erste Stadium des Übergangs in einen rechtlichen Zustand also ist mit den praktisch notwendigen Bedingungen, gemäß denen das Postulat des öffentlichen Rechts zu befolgen ist, eine erhebliche Menge jener Menschenrechte erkennbar, über die heute in parlamentarisch-rechtsstaatlichen Verfassungen und Menschenrechtserklärungen weithin Konsens besteht. Die Begründung erfolgte jedoch durchaus nicht unter Berufung auf diesen Konsens.

c) Wenn sich, wie im Weiteren wohl unvermeidlich, die Funktionen öffentlichen Rechts zu öffentlichen *Gewalten* ausbilden oder ausgebildet haben, so muss der Anspruch, der zunächst an andere natürliche Personen des bezeichneten Personenkreises gerichtet ist, sich auch *ausdehnen* auf die juristischen Personen, welche die Ausbildung der öffentlichen Gewalten bewirken oder deren Betätigung verantworten. Zugleich muss jeder, der sich im Tätigkeitsbereich der diese Gewalten repräsentierenden, juristischen Personen befindet, berechtigt sein, zu deren Funktionen in angemessener Weise beizutragen, ebenso aber auch ihnen gegenüber Anspruch haben auf *Schutz* vor Übergriffen ihrer Gewalt. Aus Anlässen solcher Übergriffe ist die Idee der Menschenrechte geschichtlich sogar erst aufgekommen. Doch den in der Sache einleuchtenden Ursprung hat ihr Begriff bereits im jetzigen, von allem Historischen abstrahierenden Kontext.

So kann man, glaube ich, ein vorläufiges Fazit ziehen und generalisierend *in erster Näherung* sagen: *Menschenrechte sind* die subjektiven Rechte je einzelner, natürlicher Personen unterm Recht der Menschen, wenn sie durch das Postulat des öffentlichen Rechts mit (mindestens) all den oben unter a)–c) genannten Ansprüchen verbunden sind; und jedenfalls mit diesen Ansprüchen verbundene

---

[45] AE, Art. 10.
[46] EK, Art. 6.
[47] EK, Art. 19.

subjektive Rechte einzelner natürlicher Rechtsträger unterm Recht der Menschen sind Menschenrechte. Handlungen oder Unterlassungen hingegen, die – und sei's zusätzlich zur Missachtung des einen oder anderen jener schon unterm Recht der Menschen bestehenden, subjektiven Rechte – nicht deren Verbindungen mit den genannten Ansprüchen (oder einigen von ihnen) respektieren, sind allemal *Verletzungen* von Menschenrechten. Eine schon bestehende zwischenmenschliche Gemeinschaft ist dabei jedoch weder vorauszusetzen für solche Verletzungen noch für die so verstandenen Menschenrechte unter a), b) und c) zwischen deren Inhabern und den Adressaten ihrer Ansprüche. Insbesondere aber ist sie noch nicht vorauszusetzen für die schon gemäß a) bestehenden Ansprüche und nicht für alle Inhaber sowie Adressaten der Ansprüche unter b).[48]

d) Bei Zentrierung der Gewalten zu denen eines vereinzelten *Staats* hingegen kommt jeder natürlichen Person, da sie in ihren subjektiven Rechten zu schützen und ihr das Ihrige zu gewähren ist, gerechterweise der rechtliche Anspruch zu, wenigstens einem solchen Staat anzugehören sowie an dessen Politik *aktiven Anteil* zu haben und nehmen zu können. Jeder einzelne hat den Anspruch, in mindestens einem Staat nicht nur Untertan, sondern auch Aktivbürger zu werden und dann zu sein. Dem Staat gegenüber nämlich bliebe ihm andernfalls seine schon unterm Recht der Menschen bestehende Befugnis nicht unverkürzt, selber aktiv darauf hinzuwirken, dass ihm Gerechtigkeit (als schützende, kommutative und distributive) zuteil wird. Keiner also darf staatenlos gemacht oder auch nur von anderen zum bloßen »Kosmopoliten« erklärt werden. – Andererseits sind die öffentlichen Gewalten und die sie betätigenden juristischen Personen in einem Staat an Macht allen in ihrem Umfeld wirkenden natürlichen Personen überlegen und müssen dies von Rechts wegen sein. Man sieht daher leicht, weshalb der rechtliche Schutz für subjektive Rechte aus dem Recht der Menschen und für die bereits unter a) bis c) hinzugekommenen Rechte rechtmäßig beansprucht sein muss als einer, der *insbesondere* vor Übergriffen seitens eben dieser öffentlichen Gewalten schützt. Man sieht so auch, weshalb im Kontext solcher Übergriffe sowie im Gedanken an ihre rechtliche

---

[48] Je nachdem wie eng oder wie weit man den Begriff einer zwischenmenschlichen Gemeinschaft in Rechtsangelegenheiten fasst, möge man sich hier an die weitergehende oder an die weniger weit gehende Behauptung halten.

Grundzüge eines Kantisch gedachten Menschenrechte-Konzepts 45

Abwehr die Idee aufgekommen ist, unter welcher die Menschenrechte dann erstmals in Staatsverfassungen verankert worden sind.

Wenn es sich so verhält, ist die Auskunft über *weitere Inhalte* der mich hier interessierenden Ansprüche nicht mehr schwer; und auch diese Inhalte sind dann solche von Menschenrechten. Um sie wenigstens noch zu skizzieren:

e) Da es unter der Gefahr von Übergriffen seitens öffentlicher Gewalten um distributive, mittels solcher Gewalten durchzusetzende, justizielle Gerechtigkeit geht, diese aber wohl nur zu erlangen ist unter einer »legitim«, d. h. berechtigtermaßen *rechtsgesetzlich* herrschenden, *souveränen* Gewalt, muss der menschenrechtliche Anspruch auch enthalten, dass die Gewalten kooperativ in eine *rechtliche Verfassung* gebracht werden und die Verfassung die Form eines positiv-rechtlichen *Verfassungsgesetzes* erhält. Ausgezeichneter Bestandteil dieses Gesetzes müssen *positivierte Menschenrechte* sein, durch die alle Menschen im Wirkungsbereich der betreffenden öffentlichen Gewalten ihre subjektiven Rechte unterm Recht der Menschen geschützt finden, mag gleichzeitig auch jeweils denen von ihnen, die gemäß dem Postulat vorrangig zu kooperativer Erhaltung der jeweiligen Einheit eines bestimmten Staats verpflichtet und dessen Bürger sind, durch andere Rechtsnormen als diejenigen der Menschenrechte ein fair erhöhter Anteil an der politischen Betätigung gesichert sein. Man sollte bei diesen zunehmend komplexer werdenden Anspruchsinhalten aber nicht vergessen, dass wie zuvor auch diese inhaltlich bestimmteren Ansprüche bei denen, die sie haben, stets mit – ebenfalls wechselseitig unter ihnen bestehenden – entsprechenden Pflichten (gemäß dem Postulat des öffentlichen Rechts) verbunden sind, ohne freilich in ihrer effektiven Geltung vom Befolgt- oder Erfülltwerden dieser Pflichten abhängig zu sein.

f) Zusätzlich zu allem Genannten verlangt die Idee kommutativer Gerechtigkeit vermutlich, dass allenthalben allen, die im Wirkungsbereich einer politischen Einheit von öffentlichen Gewalten leben, rechtlich ein *fairer Anteil an* den fundamentalen *Lebensvorteilen* gewährt wird, die aus dem erfolgreichen Wirken dieser Gewalten durch Mehrung des öffentlichen und privaten Wohls und Erhöhung sozialer Chancen hervorgehen. Denn Lebensvorteile, die sich kollektiv erarbeiten lassen oder sogar schon erarbeitet sind, werten natürlich auch das Potential zu ihnen auf, das mindestens teilweise bereits in jenen mit Willküroptionen verbundenen subjektiven Rechten enthalten war, welche zum nicht-rechtlichen Zustand gehörten. Beim Herausgehen aus ihm und Übergang in den Zustand einer besonderen, politischen Rechtsgemeinschaft muss nach Maßgabe kommutativer Gerechtigkeit auch diese Aufwertung der ursprünglichen subjektiven Rechte Berücksichtigung finden. Freilich muss die Berücksichtigung dabei auch abgestimmt sein auf den jeweiligen dauerhaften Erfolg solcher Verbesserungen von Lebensstandard sowie auf das der Natur der Sache nach höhere Maß, in welchem den Bürgern der betreffenden politischen Einheit ein Anteil daran unterm Prinzip kommutativer Gerechtigkeit zukommt. Sind Lebensgrundlagen durch Aktivitäten menschlichen Zusammenlebens oder durch Naturprozesse zunehmend bedroht und lassen sich die Bedrohungen durch rechtsstaatliches politisches Handeln wirksam in Schach halten, so entsprechen den Menschenrechten auf Chancen der Teilnahme an sozialen Lebensvorteilen zweifellos auch Menschenrechte auf Vorkehrungen gegen die Beeinträchtigung von Lebensgrundlagen und auf fairen Anteil am möglichen Erfolg solcher Vorkehrungen. Auch auf diesen Gebieten kommen die Menschenrechte jedoch durchweg einzelnen Menschen zu. Sie sind also wohl zu unterscheiden von Rechten eines jeden Kollektivs, das sich aus einer bestimmten Menge von einzelnen zusammensetzt.

So zeichnen sich in d) – f) die grundlegenden Klassifikationen von besonderen, bereits in ihrem Ursprung politischen Menschenrechten ab: Gemäß einer sachlichen Ordnung, welche auch eine Abfolge spezifischer, aus gleichem Ursprung hervorgehender »Generationen« von Menschenrechten zu erkennen gibt, gliedern sich diese ausgezeichneten subjektiven Rechte (mindestens) in folgende Ansprüche: (1) auf *Schutz* elementarer subjektiver Rechte aus dem Recht der Menschen sowie bereits vorpolitisch bestehender Menschenrechte, insbesondere aber auf Schutz vor willkürlichen Übergriffen öffentlicher, staatlicher Gewalten; (2) auf *aktive Teilhabe am politischen* Prozess in jeweils (mindestens) einem Staat; und (3) auf Ermöglichung *sozialer Teilnahme* am Leben in diesem Staat und an der in ihm dauerhaft verbesserten sowie nach Möglichkeit erhaltenen Lebensqualität bzw. Verteilung von Lebenschancen. – Deutlich wird dabei auch, dass zwischen den ersten beiden dieser Gruppen von Menschenrechten und der dritten Gruppe (einschließlich ihrer zuletzt angedeuteten Variante) ein markanter Unterschied besteht: Die Anrechte der ersten beiden Gruppen sind für Exemplifikationen eines überzeugenden Begriffs von Menschenrechten ebenso *konstitutiv* wie die bereits vorpolitischen menschenrechtlichen Ansprü-

Grundzüge eines Kantisch gedachten Menschenrechte-Konzepts 47

che, während diejenigen der dritten Gruppe nur in Abhängigkeit von entsprechender sozialer und ökonomischer sowie technischer Leistungsfähigkeit eines jeweiligen Staates oder Staatenkollektivs bestehen, sofern diese Leistungsfähigkeit kollektiven Vorgegebenheiten oder der Kooperation aller im Staat Zusammenlebenden oder der Entwicklung bzw. Entwickelbarkeit internationaler rechtlicher Vernetzungen und Handlungsmöglichkeiten entspringt. – Deutlich wird aus der berücksichtigten Ursprungs-Situation aber nicht zuletzt, dass den soeben unter (1) bis (3) erwähnten Menschenrechte-Gruppen und ihrer Abfolge noch ein *elementarer Kern* von Menschenrechten vorausgehen muss, der sich bereits aus den in a) und b) berücksichtigten Gesichtspunkten ergibt.

g) Ganz abgesehen davon gilt jedoch wegen des globalen Umfangs der natürlichen Personen, welche Träger von Menschenrechten sind: Zum Schutz von Menschenrechten sowie zur Ausdehnung und Verstärkung ihrer wirksamen Geltung müssen die Gewalten, die gemäß dem Postulat des öffentlichen Rechts zu errichten und zu erhalten sind, weit über je *einzelne*, *souveräne politische* Einheiten solcher Gewalten *hinaus*reichen. Das wird klar, wenn man im Vorgriff auf das sogleich unter 3. Auszuführende bedenkt, *an was für »andere«* alle unterm Recht der Menschen stehenden Träger von subjektiven Rechten Ansprüche haben und wie der Gehalt dieser Ansprüche *abhängt vom Willkürspielraum* der anderen: Nach c) sind die »anderen« als Anspruch-Adressaten ja nicht nur natürliche, sondern auch nicht-natürliche, juristische Personen, die als für die Betätigung öffentlicher Gewalten gebildete Rechtsträger eine erheblich größere Reichweite von Willküroptionen haben. Zu diesem Umfang gehört vor allem auch, dass sie den Menschenrechten nicht nur innerstaatlich wirksame Geltung verschaffen können, sondern ihnen allmählich auf dem Weg zwischenstaatlicher Vernetzung sowie Bildung überstaatlicher Institutionen vor allem auch zu globaler Wirksamkeit verhelfen können und dass sie dies aufgrund der im Postulat des öffentlichen Rechts enthaltenen, für sie konstitutiven Rechtsforderungen auch leisten müssen, bzw. dass Institutionen für solche Leistungen zu schaffen sind. Zum Inhalt menschenrechtlicher Ansprüche unterm Postulat des öffentlichen Rechts gehört somit auch, dass auf dem angedeuteten Weg zu etablierende *zwischen-* sowie überstaatliche Institutionen das ihnen Mögliche zur *weltweiten Achtung* der Menschenrechte beitragen und alles ihnen Mögliche zu deren weltweit wirksamer Geltung tun. Weil es dabei letztlich um globale justizielle Gerechtigkeit für je einzelne natürliche Rechtspersonen geht, müssen diese Ansprüche (und die auf ihre Erfüllung gerichteten Anstrengungen) freilich flankiert sein von der Errichtung privater, weltweit agierender Institutionen, die solche Gerechtigkeit befördern helfen. Alle natürlichen Personen und diesen Zweck enthaltenden privaten Institutionen müssen mit allen öffentlichen Institutionen letztlich dahin zusammenwirken, in Sachen Menschenrechte ein *kosmopolitisches* Recht zu schaffen, dessen Normen alle Adressaten ihrer Forderungen wirksam verpflichten und nach und nach alle natürlichen Personen mit im Kern gleichen sowie gleich starken menschenrechtlichen Ansprüchen ausstatten. Wenngleich dieser Gedanke (als ein *regulatives* praktisches Prinzip) die Menschenrechte nicht begründet, ist er doch ein Stimulans ihrer weiteren Entwicklung und, recht verstanden, eine zusätzliche Stütze für ihre wirksame Geltung. Das gedankliche Potential, das Kants Rechtslehre mit ihren »drei Formen« des legitime öffentliche Gewalt ausübenden Rechts (§§ 43 f.) in dieser Hinsicht enthält, müsste Gegenstand einer eigenen Untersuchung werden. Es scheint mir selbst in J. Rawls' wertvollen Beiträgen zum völkerrechtlichen Aspekt der Menschenrechts-Thematik nicht voll ausgeschöpft.[49]

3. *An wen* oder an welche mit Willkür und praktischer Vernunft ausgestatteten Akteure *richten sich* die skizzierten Ansprüche? Auch das ist nun nicht mehr schwer zu sagen. Zwei Dinge sind evident:

a) Die Ansprüche ergehen beim Übergang in einen rechtlichen Zustand *zunächst* an jeweils diejenigen anderen natürlichen Personen, deren Willkürumfang sich mit dem des Anspruchsträgers oder für diesen rechtlich Verantwortlichen so überschneidet, dass sie zur Verwirklichung des Anspruchsinhalts etwas zu leisten vermögen. Nur muss man dabei beachten, dass sich mit dem Zustandekommen von Kooperationsbeziehungen der Willkürumfang der in solchen Beziehungen Stehenden erhöht. Stärker und stärker richtet sich der Anspruch damit bei weiterer Ausbildung des rechtlichen Zustandes an jene natürlichen Personen, die mit ihrer Willkür einen besonderen Beitrag leisten können zur Bildung und Aktivierung von privaten, der Befolgung des Imperativs im Postulat des öffentlichen Rechts förderlichen Personenverbindungen. Er ergeht daher vornehmlich auch an Funktionsträger solcher Verbindungen (sowie

---

[49] Ein erster Schritt in Richtung auf weitere Auswertung des Potentials wird unten in Kapitel VI gewagt.

über sie auf kooperative Entwicklung weltweiter privater Institutionen, die sich der Verstärkung der Wirksamkeit von Menschenrechten widmen); und er ergeht insbesondere an diese Institutionen selbst als juristische Personen, sobald sie gebildet sind. Unabhängig davon aber und dem zuvor sind *alle Menschen* in ihrem Willkürbereich jeweiligen menschenrechtlichen Ansprüchen anderer konfrontiert; und ihre je eigenen menschenrechtlichen Ansprüche auf Leistungen anderer sind allemal eingebaut in jene mit dem Postulat öffentlichen Rechts an sie gerichtete Rechtspflicht, die vor allen anderen speziellen Rechtspflichten Vorrang hat und verhindert, dass die menschenrechtlichen Ansprüche ein einseitiges Anspruchsdenken befördern. Falsch aber wäre es zu behaupten, der menschenrechtliche Anspruch richte sich von jedem Anspruchsträger aus *an alle* anderen Menschen. Denn der Adressaten-Umfang ist allemal begrenzt auf den Bereich möglicher Kollisionen von Optionen der Willkür zwischen dem jeweiligen Inhaber von Menschenrechten und anderen, natürlich vereinzelten oder kollektiven Willkürsubjekten.

b) Sind politische öffentliche Gewalten (sei's staatliche, zwischenstaatliche oder überstaatliche) aber einmal gebildet und auf der Basis zu ihrer Erhaltung beitragender Kooperation unter natürlichen Personen gesichert, so kann man auch sagen: Für diesen rechtlichen Zustand werden die jeweils zuständigen (oder durch andere zuständig zu machenden) öffentlichen Gewalten und ihre Funktionsträger *vorrangiger* Adressat der menschenrechtlichen Ansprüche. Denn sie haben im Vergleich zu natürlichen Personen auch das größere Leistungsvermögen zu deren Erfüllung, und die oben unter c) bis f) registrierten menschenrechtlichen Anspruchsinhalte verpflichten ohnehin vorrangig oder ausschließlich sie. Trotzdem darf man nicht behaupten, die Ansprüche seien nun nicht mehr eingebaut in Pflichten gemäß dem Postulat öffentlichen Rechts; oder die öffentlichen Gewalten seien nun der einzige Adressat von menschenrechtlichen Forderungen und seien bei Verstößen gegen solche allein noch in Anspruch zu nehmen. Die Ansprüche an die unter a) bezeichneten natürlichen Personen bleiben ebenso bestehen wie die diese Personen verpflichtenden Rechtsgebote, die im Postulat des öffentlichen Rechts enthalten sind. Auch insofern findet das Anspruchsdenken, das bei einem bloß politischen Konzept von Menschenrechten schwer zu vermeiden ist, hier keine Chance, sich auszubreiten.

4. Schließlich: *Inwiefern* bestehen die menschenrechtlichen, für die Menschenrechte konstitutiven Ansprüche (in Ansehung sowohl

des Umfangs der Träger wie des Inhalts als auch der Adressaten von Menschenrechten) geradezu *aufgrund* der im Postulat des öffentlichen Rechts an jeden Menschen gerichteten Verpflichtung? Das, hoffe ich, bedarf nun im Grundsätzlichen keiner Erklärung mehr, wohl aber noch mancher Präzisierung und Bekräftigung der bisher nicht deutlich genug angegebenen Gründe: Die Ansprüche bestehen – so ließ sich bis jetzt immerhin sagen –, weil 1) das Sollen, welches das zentrale Moment im Postulat des öffentlichen Rechts ist, mit allen aus ihm folgenden Imperativen seinen rechtlich zwingenden Grund darin hat, dass ohne es und seine Wirksamkeit allem Recht der Menschen ein Fiasko beschieden wäre, ja, sogar es den Menschen praktisch unmöglich gemacht würde, das »allgemeine Rechtsgesetz«[50] zu befolgen. Die Ansprüche bestehen außerdem, weil 2) zum Befolgen der aus dem Postulat folgenden Imperative als der Forderungen eines *Postulats* jene Ansprüche die praktisch notwendigen Bedingungen für rechtmäßige Befolgung sind; und weil 3) jene Ansprüche im Postulat irgendwie, nämlich mindestens potentiell, *gewusst* sind als rechtens bestehende, wirksam zur Geltung zu bringende und praktischer Gewissheit zufolge auch zur Geltung kommende Ansprüche. Das Postulat ist jedenfalls Ausgangspunkt und als solcher zugleich Grund für ihre Erkenntnis. Über den Sinn der genauen Betrachtung eines solchen Ausgangspunktes belehrt uns diesmal Aristoteles:[51]

> Denn, versteht sich, der Anfang ist mehr als die Hälfte des Ganzen; durch ihn hindurch kommt auch vieles am Gesuchten mit zum Vorschein.

---

[50] Siehe § C, Abs. 4.
[51] *Nikomachische Ethik* 1098 b 7 f. [In der Übers. von D. Frede: »Denn der Anfang ist bekanntlich mehr als die Hälfte des Ganzen, und durch ihn kommt bereits vieles von dem, was man sucht, mit ans Licht« (Aristoteles 2020). Anm. d. Herausgeberin.]

IV.
Näheres zur philosophischen Begründung der Menschenrechte

Wenn der soeben bezeichnete Ausgangspunkt und Erkenntnisgrund zur Einsicht kommen soll und dabei noch besser als bisher auszumachen ist, ob mit ihm zugleich der Seinsgrund der Menschenrechte offen gelegt wird, muss man sich noch einmal der Aussage und Begründung der Behauptung zuwenden, dass der Inhalt jenes *Postulats*, um das es hier geht, darin bestehe, aus dem nicht-rechtlichen, natürlichen Zustand in den einer wirksamen distributiven, d.h. justiziellen Gerechtigkeit übergehen zu sollen. Was das heißt, ist genauer als bisher zu explizieren. Schlüssel hierzu dürfte die Lösung eines Interpretationsproblems sein, das bisher unterschlagen wurde. Die besagte rechtliche Forderung, die an jede unterm Recht der Menschen stehende Person gerichtet ist, wird von Kant scharfsinnig begründet. Der dazu geführte Beweis wurde oben nur angedeutet. In einer eigenen Abhandlung habe ich ihn, so gut ich vermag, rekonstruiert.[52] Dem Beweis zufolge ist die im Postulat aufgestellte Behauptung also ein *erwiesener* praktischer Satz. Ein Postulat aber ist seiner logischen Form nach nicht nur (wie oben berücksichtigt) ein praktischer, unmittelbar gewisser Satz, sondern auch ein *unerweislicher* praktischer Grundsatz.[53] Ein und derselbe Satz also: als praktische Behauptung beweisbar und erwiesen, als Postulat aber nicht nur unmittelbar gewiss, sondern auch unerweislich – wie reimt sich das zusammen? (1) – Und wenn es sich reimt: Wie lassen sich in diesem Zusammenhang die Menschenrechte »begründen«? (2)

---

[52] *Kants Postulat des öffentlichen Rechts (RL § 42)* (Fulda 1997).
[53] AA XXIV, 278, 468.

Ad (1) – generell:
Um hier wenigstens mit Umrissen einer überzeugenden Antwort auf diese beiden Fragen bekannt zu werden, sollte man sich vor allem vergegenwärtigen, was im Postulat zum »Du sollst ...« hinzutritt, nicht aber mit dessen Beweis ebenfalls schon erwiesen ist. Es wurde oben [in II C)] schon genannt: das *vorausgesetzte* (unmittelbar gewisse) *Wissen, wie* die im praktischen Satz gebotene Handlung *auszuführen* ist. Solches Wissen-wie ist ein *praktisches Können*. *Dass* ein solches vorliegt, folgt zwar aus dem Sollen nach dem Prinzip »Du kannst und weißt das auch, denn Du sollst (als mit praktischer Vernunft begabter und zu ihrer Ausübung befähigter Mensch) unbedingt und weißt das schon«. Nicht aber ist dadurch zugleich erwiesen oder erweislich, *was* in *besonderen* Hinsichten oder gar in *concreto* beim Betätigen jenes wissenden Könnens jeweils gewusst oder wenigstens zu wissen möglich ist. Geschweige denn ist von einem das Wissen-wie explizit machenden, praktischen Wissen, dass ... dessen voller Inhalt durch einen Beweis erkannt. Da sich kein Wissen-wie im Praktischen erfolgreich betätigen lässt, ohne dass sich bei der Betätigung (schrittweise) je spezielles und einzelnes praktisches Wissen-dass einstellt sowie bei Bedarf erfolgreich betätigt wird, zeugt jedenfalls die erfolgreiche Betätigung dafür, dass das betreffende Wissen vorliegt. Und man mag durch Reflexion auf die Betätigung zu einer Reihe nicht unbegründeter Aussagen über dasjenige gelangen, was dem Wissen-wie entsprechend als dessen notwendige Bedingung der Fall ist – sei's naturaliter, sei's als Rechtssachverhalt. So reflektierend wurde oben verfahren, ohne zu behaupten, die auf diese Weise festgestellten, für Menschenrechte konstitutiven Ansprüche seien damit bewiesen. Stillschweigend also ist dem Charakter eines Postulats, unerweislich zu sein, Rechnung getragen worden. Freilich betätigte sich in jenem Reflektieren noch nicht spezifisch philosophische, systematische Erkenntnis. Doch anstatt vorschnell ihr Eigenstes herausarbeiten zu wollen, ist nun zu zeigen, inwiefern das eingeschlagene Verfahren trotz Mangels an Beweisen *gut begründete* Feststellungen bezüglich prinzipieller Rechtssachverhalte zu treffen erlaubt und zu *praktischen Erkenntnissen* führt – einerlei, ob diese nun speziell philosophische und systematisch erarbeitete sind oder nicht.

Auch sorgfältiger ausgeführt als im Vorhergehenden ist das Verfahren dabei *nicht* insgesamt dasjenige bloßer Verdeutlichung eines (bereits im Postulat) *gegebenen* Begriffs durch dessen Analyse. In

Näheres zur philosophischen Begründung der Menschenrechte 53

diesem Fall wäre der Beweisbarkeitsanspruch nur (um den Preis eines Widerspruchs) verleugnet. In Wahrheit aber ging es, um im Postulat des öffentlichen Rechts die für Menschenrechte konstitutiven Ansprüche festzustellen, gar nicht darum, sich von dem, was im Wissen, wie das Postulat zu befolgen ist, gewusst wird, einen bereits *gegebenen* Begriff bloß deutlich zu machen. Die Erkenntnisaufgabe besteht vielmehr darin, sich einen das Wissen spezifizierenden, deutlichen Begriff davon *allererst zu machen*.[54] Dieser Begriff liegt ja mit dem, was im Postulat voraussetzungsweise gedacht wird, gerade noch nicht vor. Was zunächst vorliegt, ist vielmehr nur eine sehr abstrakte, hinsichtlich ihrer Spezifikationen vage Vorgabe zu ihm. Das Verhältnis des darin schon begrifflich Gedachten zum Ensemble der Begriffe von menschenrechtskonstitutiven Ansprüchen ist also *synthetisch*. Um in einem synthetischen Vorgehen zu erkennen, worin dieses Verhältnis besteht, bedarf es (durch Betätigung reflektierender und bestimmender Urteilskraft) gezielter Bildung und »Entwicklung« von Begriffen, die zu bereits gegebenen und gerechtfertigten neu hinzukommen. Ihre zweckmäßige Auswahl sowie ihr gerechtfertigter Gebrauch erfordern ein *Verfahren*, welches (im Unterschied zur Form eines Beweises) die reine allgemeine Logik nicht lehren kann. Erst in den späten Varianten seiner Logik-Vorlesungen, die Kant jahrzehntelang immer wieder anhand von G. F. Meiers ›Auszug aus der Vernunftlehre‹ gehalten hat, wird über solche Verfahren und ihre Regeln wenigstens beiläufig und in von Meier vorgegebenen Kontexten Auskunft erstattet. Andeutungsweise kommt dabei auch zum Vorschein, was für philosophische und praktisch-metaphysische Erkenntnisaufgaben wesentlich ist. Vor allem aber kann man anhand des so verstandenen Unterschieds (zwischen einem Postulat als behauptetem Sollen einerseits und als nicht beweisend zu begründendem Wissen-wie andererseits) sich klar machen, dass das uns hier interessierende Postulat des öffentlichen Rechts keineswegs einfach schon aufgrund des Kantischen Verständnisses von dem, was überhaupt ein Postulat ist, in sich einen Widerspruch enthalten muss, also etwas Ungereimtes ist. Dass sich der Widerspruch auch nicht hinterrücks über eine Kantische Begründung dieses speziellen Postulats des öffentlichen Rechts einschleicht, kann sich freilich erst aus einer Antwort auf unsere zweite Frage ergeben.

---

[54] Zum Unterschied vgl. AA XXIV, 538, 844.

Ad (2) – und (1) des Weiteren:
A) Das Verfahren, von dem nun die Rede sein muss, ist, allgemein gesprochen, dasjenige einer *Untersuchung*.[55] Am Anfang einer solchen stehen *vorläufige Urteile* (judicia praevia), die sich der Reflexion auf Erkenntnisvermögen durch Herabstufung assertorischer Urteile zu problematischen (d. h. via suspensio judicii) oder durch Plausibilitätserwägungen zugunsten der Bildung von judiciis praeviis ergeben haben. Es werden dann *Gründe* erwogen und im Vergleich mit Gegengründen als diejenigen Gründe ausgemacht, denen zufolge diszipliniert und erkennenderweise von den vorläufigen Urteilen zu *bestimmenden* Urteilen überzugehen oder aber zu behaupten ist, dass definitiv nicht dazu übergegangen werden kann. Wie man schon an diesen Kennzeichen sieht, dient das Untersuchungsverfahren letztlich einer zu gewinnenden (oder begründet zu begrenzenden) Gegenstandserkenntnis. Es ist aber auch auf jeweilige Kontexte angewiesen, denen gemäß es sich von Fall zu Fall modifizieren muss. Doch allemal ist in ihm beim Übergang von den vorläufigen zu bestimmenden Urteilen zu prüfen, ob diese Urteile alle logischen Merkmale aufweisen, die für Erkenntnis konstitutiv sind. Dazu sind die relevanten Gründe sowie Gegengründe nicht nur möglichst alle zu berücksichtigen; vielmehr sind unter ihnen auch diejenigen auszuzeichnen, die in der *Natur der Sache* (oder in einem praktischen, in diesem Fall zudem subjektiven Grund) *des Objektiven* liegen, auf welches sich die vorläufigen (und dank der Gründe dann auch die bestimmenden) Urteile beziehen. Mithilfe dieser Gründe nämlich lässt sich die Erkenntnis des betreffenden Objekts erweitern, also in dessen Erkenntnis zu (weiteren) *synthetischen* Urteilen gelangen, sodass das Untersuchungsverfahren auch zu einem synthetischen Verfahren wird, obwohl es seinen Platz finden mag im analytischen Teil der Bestimmung seines Objekts, auf den u. U., insbesondere in einer philosophischen Untersuchung, noch ein »dialektischer« Teil folgen muss. Am Ende aber sollte in diesem Fall das Verfahren zu Urteilen führen, deren Begriffe das Objekt als ein definiertes und durch vollständige Einteilungen systematisch gegliedertes Ganzes bestimmen. Soweit das Grundsätzliche, das zum hier einschlägigen Untersuchungs- und Begründungsverfahren zu sagen ist.

Kontexte, in denen sich das Verfahren als ein außerhalb der Philosophie zu betätigendes spezifiziert (typischerweise z. B. durch

---

[55] Vgl. AA XXIV, 545–560; 641; 736 f; bes. 859 ff.

Bildung, Überprüfung, Widerlegung oder Bestätigung und Anwendung von Hypothesen), können hier unberücksichtigt bleiben; desgleichen Spezifikationen für Fälle ausschließlich theoretischer Philosophie. Generell ist für die Philosophie jedoch zu beachten, dass in ihr als einer Disziplin, die auf *Vernunfterkenntnis aus Begriffen* ausgeht und sich dazu auf keine empirischen Gründe berufen kann (ohne deshalb jeglichen Zusammenhang mit Erfahrung verneinen zu müssen), die wahrhaften Gründe möglichst frühzeitig und sorgfältig von den mit Schein behafteten oder bloßen Scheingründen getrennt und sogar mit Vorrang vor solchen berücksichtigt werden müssen – im bereits so bezeichneten »analytischen« Untersuchungsteil; doch dem hat dann noch ein die Scheingründe als solche aufdeckender und sie ausschließender, dialektischer Teil zu folgen. Analytik und Dialektik sind also hier nicht so eng ineinander gearbeitet wie in Hegels Verfahren spekulativ begreifenden Erkennens. Deshalb bringen sie auch den Vorzug mit sich, dass die Gründe, um die es im einen und anderen Teil geht, sich ihrer jeweiligen Art nach deutlicher voneinander unterscheiden als bei Hegel.[56]

Für den hier interessierenden Fall von Untersuchung im Bereich *praktischer* Erkenntnis kommt hinzu, dass das Urteilsobjekt aus praktischer Vernunft zu entwerfen sowie zu »realisieren« ist[57] und dass seine objektiven Bestimmungen sich aus praktischen Gesetzen (unter den in ihnen enthaltenen Normen für praktische Vernunftbetätigung) ergeben, wobei aber die Realisierung des – in Kategorien der Freiheit zu denkenden – Objekts auch subjektiver, zu Handlungen motivierender Gründe bedarf, welche der einen oder anderen Art solcher Gesetze gemäß sind. Eine Untersuchung in der praktischen Philosophie darf sich also nicht dem Wahn verschreiben, ihr analytischer Teil habe es *nur* mit objektiven Gründen zu tun, die in

---

56 Die Nachteile zu bezeichnen, mit denen dieser Vorzug erkauft ist, würde freilich ein Kapitel für sich füllen. Zur Anschlussfrage, was in Hegels *Grundlinien der Philosophie des Rechts* eine Begründung der Menschenrechte verhindert, habe ich mich geäußert in *Menschenrechte – Plädoyer für einen Kantischen Ansatz* (Fulda 2013), Abschnitt IV. [vgl. Nachdruck im Anhang; Anm. d. Herausgeberin].
57 D.h., dass es, als ›gut‹ erkannt, zu *tun* ist, oder. als ›böse‹ erkannt, zu *unterlassen* ist, oder allenfalls deshalb getan werden *darf*, weil es der Opposition ›gut / böse‹ gegenüber indifferent ist; dass es hingegen als dem Wohl dienend (oder wenigstens unbeschadet des Wohls als einem erstrebenswerten, bloß technischen Zweck gemäß) *tunlich* ist.

der »Sache« ihres Objekts liegen. Vielmehr bestehen ja auch diese Gründe letztlich in der menschlichen Freiheit und ihren »autonom« praktischen Gesetzen – also in Objektivem aus subjektiver Leistung und in einem die Differenz von Objektivem und Subjektivem unterschreitenden Seinsgrund: der sich selbst ihr Gesetz gebenden und sich ihm gemäß »aus Freiheit« bestimmenden, rein praktischen Vernunft,[58] die sowohl ratio cognoscendi als auch ratio essendi ihrer Objekte ist. Zudem aber hat man es in der praktischen Philosophie mit subjektiver Betätigung einer Vernunft zu tun, die sich – als praktische – *auch für* ihre *einzelnen*, willkürlichen Willenshandlungen deren praktische Gesetze selbst gegeben hat.

B) Was zeichnet eine Untersuchung auf diesem Erkenntnisgebiet aus im Fall des postulierten, unerweislichen, aber unmittelbaren Wissens, wie dem im Postulat formulierten Sollen erfolgreich zu genügen ist? Und auf welche spezifischen Gründe hat sie – mit wie weit reichender Erkenntnisleistung – zurückzugehen? Die ausführliche Antwort hierauf würde eine eigene Abhandlung erfordern. Ihre Umrisse aber lassen sich nun skizzieren. *Zu untersuchen* sind die oben [in III 2. a)–g)] formulierten Urteile über jene rechtlichen Ansprüche, welche jedem Menschen als Menschen im Rahmen der mit dem Postulat des öffentlichen Rechts an ihn gerichteten Forderung unter den in den Urteilen jeweils formulierten Bedingungen angeblich zukommen. Bezüglich dieser Urteile ist dabei die Frage, ob und warum gegebenenfalls sich das mit dem Postulat vorausgesetzte Wissen, wie dem Sollen zu genügen ist, auf die bezeichneten Ansprüche hin spezifiziert. Für eine aus der Untersuchung möglicherweise hervorgehende Antwort müssen die Urteile zu bloß vorläufigen herabgestuft und Gründe berücksichtigt werden, sie zu (das Wissen-wie) bestimmenden zu machen. In Konfrontation mit Gegengründen müssen diese Gründe aber auch erwogen (»ponderiert«) und als die gewichtigeren sowie zureichenden ausgemacht werden. Zur Menge der vorläufigen Urteile, die bei der Untersuchung zu beachten sind, gehören zusätzlich – und als von denen, deren Gehalt untersucht werden muss, zu unterscheidende – auch »anticipationes«, in welchen das Verfahren und das eine oder andere vom Ergebnis der Begründungen vorweggenommen wird. Auch sie

---

[58] Dies nicht hinreichend sorgfältig bedacht zu haben ist, wie mir scheint, ein Hauptmangel der in zahlreichen anderen Hinsichten sehr verdienstlichen Untersuchung Stephan Zimmermanns: *Kants Kategorien der Freiheit* (2010).

haben sich – letztlich vor der praktischen Vernunft – im konkreten Fall der durchzuführenden Untersuchung als erfolgreich und in praxi mit sich übereinstimmend zu bewähren, obwohl sie nicht zu einem Beweis verhelfen (und dazu ja auch nicht verhelfen sollen). Da nicht ein förmlicher Beweis zu führen ist, in welchem alle Sätze aufgeschrieben werden müssten, um an ihrer Form seine Schlüssigkeit zu beurteilen, ist es im Folgenden wohl gestattet, die verschiedenen vorläufigen Urteile, in denen an *gleiche Adressaten* gerichtete Ansprüche affirmiert werden [vgl. oben III 2. a), b)], zusammen als Urteil über einen einzigen komplexen Anspruch zu nehmen und von einem einzigen, *zentralen vorläufigen Urteil* zu sprechen, dessen Gehalt zu untersuchen ist.

Den *Kontext* des zu Untersuchenden bilden vorab alle Urteile und darin enthaltenen Begriffe, die bis dahin zur Bestimmung des Rechts der Menschen geführt haben, des Näheren aber diejenigen, in welchen das Postulat des öffentlichen Rechts als praktischer Satz und Postulat ausgedrückt ist. Die erkenntnisfördernden *Mittel und Wege*, deren es zur Untersuchung bedarf, kommen – außer von den bereits ausgemachten Urteilen übers Recht der Menschen mit den darin gegebenen Begriffen und den Antizipationen – vor allem von einer durch diese Begriffe und Antizipationen zu erlangenden erhöhten Selbstkontrolle beim Betätigen des Vermögens zu praktischem Wissen, zudem aber auch von einem dabei erlangten erhöhten Zutrauen zu diesem Vernunftgebrauch. – Durch das Ausüben der Kontrolle lässt sich zunächst einmal klären, wieviel begrifflich Bestimmtes bereits in den *gegebenen* Begriffen enthalten ist und durch deren Analyse verdeutlicht werden kann. Hierzu gehört für jeden, der selbstverantwortlich aus dem nicht-rechtlichen in den rechtlichen Zustand überzugehen hat, insbesondere das Erfordernis einer zweckmäßigen *Koordination* seiner Willkürentscheidungen mit entsprechenden Entscheidungen anderer sowie das Hinarbeiten auf *Kooperation* mit ihnen und Beteiligtwerden an solcher Kooperation, wenn sie bereits im Gange ist. An der Grenze solcher bereits durch Begriffsanalyse auszumachenden Sachverhalte lässt sich dann auch gezielt feststellen, für welche Gehalte der vorläufigen Urteile es eines synthetischen Verfahrens bedarf, um diese Urteile zu bestimmenden zu machen. Unerlässlich ist ein solches Verfahren zweifellos für den Prozess, der vom abstrakten Begriff des im Postulat vorausgesetzten Wissens-wie zu dessen *Spezifikation* führt: in einer ersten Folge von Schritten nämlich zur Spezifikation, die im Wissen besteht, den im zentralen vorläufigen Urteil ausgesagten rechtlichen Anspruch zu haben und geltend machen zu können – ja, wenn's darauf ankommt, sogar geltend machen zu müssen. Doch die wichtigste Untersuchungsarbeit beginnt damit erst: Gründe zugunsten bestimmender Funktion des zentralen vorläufigen Urteils aufzuspüren, sie als solche darzulegen und von ihnen schließlich nachzuweisen, dass sie zur Erkenntnis des Urteilsgegenstandes zureichen. Das hat in zwei aufeinanderfolgenden Schritten der Untersuchung zu geschehen.

1. Der erste, nämlich *sachanalytische,* Teil der Untersuchungsarbeit liefert uns ein direkt begründendes Hauptargument und zwei Zusatzargumente. Das *Hauptargument* wurde oben angedeutet, ist aber nun zu präzisieren: Zu distributiver Gerechtigkeit, die für den zu erreichenden rechtlichen Zustand definitorisch ist, gehört nebst schützender Gerechtigkeit auch *kommutative* Gerechtigkeit als innere notwendige Bedingung; und zu ihrer Forderung gehört auch die Befolgung der drei in den Ulpianischen Rechtsregeln ausgedrückten Imperative. Der Forderung zu genügen aber hat nicht nur aller willkürliche, z. B. vertraglich festgelegte, Austausch subjektiver Rechte zwischen verschiedenen Inhabern solcher Rechte, sondern auch jene Auswechselung subjektiver Rechte, welche durch wechselseitige Einstellungsänderung und entsprechendes Handeln wirksam wird, aber allein schon durch Gebotsnorm und ein darin enthaltenes Gerechtigkeitsprinzip bestimmt ist: dahingehend nämlich, dass jeder bei unvermeidlichem Nebeneinandersein mit anderen – also den Sonderfall von ausnahmsweise vermeidlichem und vermiedenem Nebeneinander beiseite gelassen – seine unterm Recht der Menschen bestehende, *generelle Befugnis* zum Ausüben individuellen Rechtszwangs jeweils gemäß dem Postulat des öffentlichen Rechts aufzugeben hat, in Kompensation dafür aber (wenngleich nicht *von* anderen, sondern *aufgrund* des im Postulat enthaltenen Sollens) einen mindestens gleichwertigen *Anspruch an* die betreffenden anderen Personen erlangt. Dieser Anspruch – das ist der Kern des Hauptarguments – kann jedoch für alle Fälle möglicher Kollisionen zwischen Handlungen verschiedener Willkürsubjekte ein Äquivalent zur aufzugebenden generellen Befugnis nur dann sein, wenn er die im zentralen vorläufigen Urteil bezeichneten Ansprüche umfasst; und wenn er darüber hinaus unter hinzukommenden Bedingungen, unter denen die im Postulat des öffentlichen Rechts enthaltene Forderung zu befolgen ist, auch die weiteren oben [unter III 2. c)–g)] bezeichneten Ansprüche impliziert. Denn nur ihre Durch-

setzung sichert, dass es im Kollisionsfall (jedenfalls aus der Sicht des Inhabers der Befugnis) um der Erhaltung subjektiven Rechts willen nicht des individuell geübten Rechtszwangs bedarf und dass somit der Verzicht aufs Recht zu diesem Zwang voll kompensiert ist. Für den äußersten Notfall, in welchem alle Instanzen und anderen Kräfte der Durchsetzung dieser Ansprüche versagen oder noch gar nicht existieren, schließt die Kompensation auch ein, dass der Inhaber der Ansprüche zu *deren* Durchsetzung nach wie vor Zwang anwenden darf. Freilich aber darf selbst in diesem Fall der Zwang nicht seinerseits konstitutive Menschenrechte anderer verletzen oder die Einsetzung und Mitwirkung einer übergeordneten Entscheidungsinstanz vereiteln. Und nur zusammen, so scheint es zumindest im vorgegebenen Kontext, bilden die bezeichneten Ansprüche das einzig mögliche, dem unmittelbaren Wissen-wie in der Untersuchung einleuchtende sowie ursprüngliche Äquivalent zur aufzugebenden generellen Befugnis, individuellen Rechtszwang auszuüben.

Daraus ergibt sich die notorisch *plurale Rede* von Menschenrechten. Zugleich spezifizieren die Ansprüche das zum Postulat als solchem gehörige Wissen-wie in hohem Grad und bereichern damit erheblich die Auskunft, wie die zur erfolgreichen Befolgung der Forderung notwendige, wechselseitige Kooperation zu bewerkstelligen ist. Dieses spezifizierte Wissen dürfte seinerseits wiederum erheblich zur Kooperationswilligkeit und damit zur Wirksamkeit des praktischen Postulats beitragen – also auch zur Erhaltung der *Gewissheit des Wissens*, dass und wie der Forderung zu folgen ist und das von ihr aus erkennbare Recht wirksam wird. – Eine detaillierte Darlegung der Rolle, welche hierbei die Rechtspflichten der ersten und der dritten Ulpianischen Regel spielen, würde eine gewichtige Ergänzung zu diesem Argument liefern. Denn diesen Pflichten gemäß müssen die im zentralen vorläufigen Urteil bezeichneten Ansprüche sowohl geltend gemacht als auch allen Anderen, als zum Ihrigen gehörig, gewährt werden. Nur so nämlich macht jeder Träger subjektiver Rechte als natürliche Person dem eigenen Vermögen entsprechend (sowie der ersten Ulpianischen Rechtsregel gemäß) seinen Wert als den eines Menschen rechtlich geltend und gibt er zugleich (die dritte der Ulpianischen Regeln befolgend) allen relevanten anderen das ihnen zustehende Ihre.

Könnten aber, solange der nicht-rechtliche Zustand kollektiv besteht, die Kooperationswilligen sich nicht berechtigt glauben, aus ihrer Bereitschaft zur Kooperation »auszusteigen«, wenn hinlänglich viele andere die Kooperationsbereitschaft vermissen lassen – oder vielleicht schon auf den bloßen Verdacht hin, dass dies der Fall sein wird? Mit dem Postulat des öffentlichen Rechts ist zwar jedem gesagt, dass er solche Berechtigung nicht hat; nicht aber ist damit gesagt, dass viele die Verneinung solcher Berechtigung beherzigen. Wodurch kann ich mir unter solchen Umständen die zum Postulat gehörende unmittelbare Gewissheit meines Wissens-wie erhalten? Auf diese Frage gibt ein *erstes Zusatzargument* die Antwort: Zweifellos hat in der charakterisierten Situation die unmittelbare Gewissheit meines Wissens-wie nur eine Chance, erhalten zu bleiben, wenn ich die bezeichneten Ansprüche nicht nur habe, sondern auch berechtigt bin, sie durch (notfalls Rechtszwang übendes) Hinwirken auf die Kooperation anderer wirksam geltend zu machen, und darüber hinaus sogar weiß, dass ich in entsprechend zugespitzten Situationen dazu durch das Postulat verpflichtet werde. Doch das eine war bereits in den Urteilen über die oben bezeichneten Ansprüche enthalten, das andere hingegen ist in deren Kontext impliziert. Die durchs Postulat formulierte Forderung selbst ist ja in praktisch-philosophischer Erkenntnis erwiesen. Impliziert war ferner, dass das Hinwirken auf die Kooperation anderer auch darauf gehen muss, das zunächst wahrscheinlich erforderliche, kooperative Ausüben von Rechtszwang gemeinsam zu übertragen auf zu diesem Zweck zu schaffende Funktionen öffentlichen Rechts und (im weiteren) auf öffentliche Gewalt besitzende Institutionen der Rechtspflege. Auch das dürfte erheblich beitragen zur Erhaltung der unmittelbaren Gewissheit des Wissens-wie und zur Bereitschaft, ihr gemäß zu handeln. – Vor allem aber ist zu beachten, dass die untereinander Kooperationswilligen sich nicht in der Situation des »Gefangenendilemmas« befinden, in welcher jeder sich sagen kann, dass der erste, der die Kooperation aufgibt (und die anderen verrät), seine Erfolgs-Chancen (freizukommen) erheblich verbessert, während sich die Chancen aller übrigen drastisch verschlechtern. Wer unter zunächst zur Befolgung des Postulats Kooperierenden um eines individuellen Vorteils willen »aussteigt« und zu den nicht Kooperationswilligen überläuft, wird sich dadurch angesichts der Verachtung, die ihm deshalb von beiden Seiten zuteil wird, bald persönliche Nachteile zuziehen – und dies insbesondere in einer Serie aufeinanderfolgender Fälle, in denen die Kooperation rechtlich geboten ist. Ein gegenteiliger Eindruck kann sich nur aus entscheidungstheoretischen Interessenkalkülen ergeben, die unter extrem abstrakten Voraussetzun-

Näheres zur philosophischen Begründung der Menschenrechte 61

gen angestellt sind, um mathematisch beherrschbar zu bleiben. Jeder tüchtige Kaufmann, der für künftige Geschäfte um seinen guten Ruf besorgt sein muss, weiß es in concreto besser. Wieviel mehr derjenige, der sich seiner eigenen, auf äußere Gesetzgebung hinarbeitenden, praktischen Vernunft bewusst ist! Selbst mit Hinweis auf eine extrem ungünstige Ausgangslage fürs Befolgen der Forderung kann man also die im Hauptargument begründete Spezifikation des Wissens-wie nicht überzeugend diskreditieren.

Lässt sich aber nicht umgekehrt einwenden, auf den Erfolg komme es fürs Befolgen der im Postulat des öffentlichen Rechts enthaltenen Forderungen gar nicht an? Dessen Forderung folge doch jeder schon dann, wenn er nur den guten Willen zur Aufnahme der Kooperation hat und bekundet – was immer daraus im Weiteren hervorgehen oder nicht hervorgehen mag! Die angemessene Antwort hierauf liefert das *zweite Zusatzargument*. Sie wird jedoch verdeckt, wenn man nicht zwischen rein moralischen (sowie moralisch-ethischen) Imperativen einerseits und andererseits Rechtssollsätzen unterscheidet. Bei erfolglosem Befolgen eines rein moralischen (sowie moralisch-ethischen) Imperativs als eines Imperativs aus *innerer* Selbstverpflichtung *und* Nötigung gilt für die Beurteilung von Misserfolg uneingeschränkt das »tamen est laudanda voluntas«. Das Ausbleiben äußeren Erfolgs, und sei's eines noch so großen Teils der Umsetzung einer Willensentscheidung in äußeres Handeln, schmälert den Wert des moralisch guten Willens nicht. Hier jedoch, im Fall des Postulats öffentlichen Rechts, haben wir es damit zu tun, dass nicht nur dessen Sollsatz mich zu seiner Befolgung auffordert und unterm Gesetz einer möglichen äußeren Gesetzgebung verpflichtet, sondern dass auch andere aufgrund seiner ihr subjektives Recht als Vermögen wahrnehmen, für sie andere, nämlich z. B. mich, zu verpflichten. In diesem Fall wäre ein missglückter Versuch, aus dem nicht-rechtlichen Zustand in den rechtlichen überzugehen, schon dann schuldhaft missglückt, wenn trotz Vorliegens einer entsprechenden Handlungsoption unterlassen worden wäre, den im zentralen vorläufigen Urteil bezeichneten *Anspruch* an andere zu *erheben*. Schon damit hätte das Handlungssubjekt versäumt, alles in seiner Macht Stehende zu tun, um den Übergang zu bewerkstelligen. Vor allem aber hätte das Handlungssubjekt damit unterlassen, die erste Ulpianische Regel in ihrer Kantischen, rein rechtlichen Deutung zu befolgen: dass es gilt, den eigenen Wert als den eines Menschen anderen gegenüber in äußeren Handlungen geltend zu machen. Zudem aber hätte das Handlungssubjekt nicht jedem (nämlich nicht sich selbst) nach der dritten Regel Ulpians »das Seine« gewährt. So zu urteilen wäre aber nicht plausibel, wenn der nicht erhobene Anspruch gar nicht bestünde. Denn dann wäre es bloßer Schein und Täuschung anderer, den Anspruch gegen sie geltend zu machen. Nur das bestimmte, nicht bloß provisorische Urteil, dass der Anspruch besteht, kann hier also davor bewahren, dass man das im Postulat vorausgesetzte, unmittelbar gewisse Wissen, wie der Forderung zu folgen ist, am Ende dementieren und als trügerisch diskreditieren muss. Auch dies spricht dafür, dass mit dem Hauptargument die Substanz für eine zureichende Begründung der Menschenrechte gefunden ist.

2. Einer abschließenden Evaluierung dieses Ansatzes sollte jedoch der schon angekündigte zweite, nämlich *dialektische* Teil der Untersuchung vorhergehen. Denn es ist leicht zu sehen, dass allein mit den vorgebrachten Argumenten nicht schon *alternative Möglichkeiten* zur Spezifikation des im Postulat des öffentlichen Rechts vorausgesetzten Wissens-wie ausgeschlossen werden können. Deshalb muss nun zunächst einmal – apagogisch argumentierend – gezeigt werden, dass es für alle im gegebenen Kontext erwägenswerten oder anderwärts bereits favorisierten Alternativen zur Beurteilung von Menschenrechten nur Scheingründe gibt.

Auch die oben (in I) vorgenommene Kritik an den derzeit favorisierten Ansätzen zur Begründung eines (unterbestimmt) moralischen und eines (ausschließlich) politischen Konzepts von Menschenrechten gehört eigentlich zu diesem dialektischen Untersuchungsteil. Dass diese Ansätze nur auf unzulängliche Gründe zurückführen, braucht aber wohl nicht mehr eigens gezeigt zu werden. Der eine dieser Ansätze führt ja nicht einmal zur Möglichkeit einer überzeugenden Begründung von Menschenrechten als *Rechten*, während der andere nicht dahin führen kann, Menschenrechte zu begründen als Rechte, die *allen* Menschen *bereits als Menschen* zukommen, d.h. ohne weitere Qualifikation – und sei's die, als Rechtsträger von einem Verfassungsgesetzgeber anerkannt zu sein. – Warum aber sollten Menschenrechte so, wie nach der obigen Kritik an diesen Auffassungen – also Kantisch – verstanden, keine andere positive Begründung oder auch nur überzeugende Beurteilung zulassen als die nun näher ausgeführte? Mindestens zwei einander entgegengesetzte Alternativen legen sich nahe und bedürfen der Untersuchung.

Näheres zur philosophischen Begründung der Menschenrechte 63

1) Das Standardmodell der rechtlichen Voraussetzung, unter welcher Privatpersonen Rechtsansprüche an andere auf deren Leistungen haben, ist der *Tauschvertrag*. Daher gibt es bis heute Versuche, den Tausch zwischen Personen als »Legitimationsfigur für Menschenrechte« zu betrachten,[59] zumal ja auch die klassisch-liberalistische, naturrechtliche Begründung legitimer Herrschaft ausgegangen war von der Annahme eines ursprünglichen Sozialvertrags, dessen Partner sich in der einen oder anderen Weise unter Gesichtspunkten von Tauschgerechtigkeit auf wechselseitige Leistungen geeinigt haben. Doch all diese Konzepte liefern nur den Schein einer Begründung von Menschenrechten. Das lassen zwei je für sich schon ausreichende Überlegungen leicht erkennen: *Zum einen* müsste der »Tausch«, um Ansprüche von *allen* Menschen als Menschen an andere zu begründen, zwischen diesen allen – künftige Generationen eingeschlossen – vereinbart sein. Er wäre also faktisch unmöglich; oder aber es müsste sich um einen »Tausch« zwischen Tauschpartnern ohne Vertrag handeln, also um etwas rechtlich Irrelevantes und als Legitimationsbasis Unbrauchbares. *Zum anderen* hätte der vertraglich vereinbarte, als Legitimationsbasis für Ansprüche an Andere betrachtete Tausch die Vertragsfreiheit seiner Partner zur Voraussetzung – also ein willkürliches Sich-Entscheiden für eine Kooperation mit anderen, dessen Negation (sich dafür nicht zu entscheiden) ebenfalls rechtlich zulässig wäre. Gerade das aber schließt die Forderung im Postulat des öffentlichen Rechts, die schon vom Kontext unserer Untersuchung erwiesen ist, definitiv aus. Das »Legitimationsmodell« befindet sich also im Widerspruch zu einer bereits zureichend begründeten, im Kontext unserer Untersuchung nicht mehr zu deren Gegenstand zu machenden Behauptung. – Dass dennoch selbst bei Kantianern Tausch als Legitimationsmodell für Menschenrechte bis heute seine Befürworter hat, muss man sich wohl daraus erklären, dass der oben betrachtete Fall von kommutativer Gerechtigkeit leicht verwechselt wird mit kommutativer Gerechtigkeit im Verhalten zwischen Tauschpartnern. Beim betrachteten Fall liegt die Gerechtigkeit jedoch nicht im Austausch von äquivalenten Rechten *zwischen Partnern* einer vertraglich zustande kommenden bzw. gekommenen Willensgemeinschaft, sondern im Auswechseln eines subjektiven Rechts gegen ein mindestens gleichwertiges anderes bei

---

[59] So z. B. O. Höffe (1998), *Transzendentaler Tausch – eine Legitimationsfigur für Menschenrechte?*

einem jeden Individuum, das hierdurch noch keine Willensgemeinschaft mit anderen eingeht, nichtsdestoweniger aber zu einer wohlbestimmten Menge solcher Individuen gehört. Lange genug war die ganze neukantianische Rechtsphilosophie auf die unkantische Voraussetzung fixiert, Voraussetzung allen Rechts sei eine bereits bestehende Willensgemeinschaft. Nicht zuletzt diese Voraussetzung aber ist für das Schicksal der neukantianischen Rechtsphilosophie im 20. Jahrhundert verhängnisvoll gewesen und hat wohl mit dazu beigetragen, dass die Menschenrechtsthematik darin grob vernachlässigt wurde.[60]

2) Sollte es dann nicht doch plausibler sein, sich für den diametralen Gegensatz zu entscheiden – sowohl zum angeblichen Legitimationsmodell des Tausches als auch zur oben umrissenen Begründung der menschenrechtskonstitutiven Ansprüche – also dafür, dass das im Postulat des öffentlichen Rechts vorausgesetzte Wissen, wie die darin enthaltene Forderung zu befolgen ist, auskommen kann ohne die angeblich bestehenden menschenrechtskonstitutiven Ansprüche der durchs Postulat des öffentlichen Rechts Verpflichteten an die jeweiligen Adressaten dieser Ansprüche? Könnte es, m. a. W., nicht sein, dass das unmittelbar gewisse Wissen-wie ohne die menschenrechtskonstitutiven Ansprüche und ihre Geltendmachung erfolgreich zu praktizieren ist – und sei's unter Verstoß gegen die oben interpretierte Forderung kommutativer Gerechtigkeit? Und könnte dies nicht so sein, *gerade weil* das besagte Wissen-wie unmittelbar gewiss ist? – Um auch diesen Grund, dessen Inanspruchnahme sich von der Forderung kommutativer Gerechtigkeit losmacht und die obige Begründung der menschenrechtskonstitutiven Ansprüche a limine verwirft, als einen bloßen Scheingrund zu erkennen, muss man erneut reflektieren auf die Erhaltungsbedingungen für das Wissen-wie, das im Postulat beansprucht, aber durch die darin enthaltene Forderung nur ganz abstrakt gesichert ist. Die Gesichtspunkte, auf die es dabei ankommt, sind schon im ersten Zusatzargument zur obigen, direkten Begründung markiert und brauchen nur noch in Erinnerung gerufen zu werden: Wenn das als zureichender Grund in Anspruch genommene, unmittelbar gewisse Wissen-wie in praxi ganz abstrakt bleiben dürfte und sich nicht fürs Bewirken sowie Befestigen von Kooperationswilligkeit bei anderen bestärken, erhal-

---

[60] Vgl. dazu Fulda (2009), *Krise und Untergang des südwestdeutschen Neukantianismus.*

Näheres zur philosophischen Begründung der Menschenrechte 65

ten und vor Zweifeln bewahren müsste durch das Geltendmachen rechtlich bestehender Ansprüche an diese anderen und Respektieren von deren dazu symmetrischen Ansprüchen sowie durchs Erwirken von tätig werdender Überzeugung bei den anderen, dass diese Ansprüche in der Tat bestehen und von allen geteilt werden – dann würde sich die Gewissheit des Wissens-wie schnell verlieren oder zumindest ständig oszillieren zwischen immer wieder aufkommenden Zweifeln an ihrer Wahrheit und immer wieder momentan, vom Bewusstsein der Forderung ausgehendem, aber höchst flüchtigem, unmittelbarem Eintritt von Gewissheit. Das angeblich unmittelbar gewisse Wissen-wie käme also nicht nur in Gegensatz zur Forderung kommutativer Gerechtigkeit, sondern auch in praktischen *Widerspruch mit sich selbst*. Die Preisgabe der im analytischen Teil der Untersuchung aufgewiesenen Gründe dafür, dass die menschenrechtskonstitutiven Ansprüche bestehen, würde die Einheit des unmittelbar gewissen Wissens in und aus der rechtlich-praktischen Vernunft auflösen und damit die Übereinstimmung dieser Vernunft mit sich selbst zerstören.

3) Abschließend zur dialektischen Untersuchung der beiden [in 1) und 2)] einander entgegengesetzten Meinungen muss man zusätzlich zur Destruktion von Scheinargumenten noch registrieren, dass auch der *common sense* gegen beide Meinungen spricht: Es dürfte meinen common sense, den ich mit anderen teile, schon schwer genug ankommen, sich davon zu überzeugen oder überzeugen zu lassen, ich und jeglicher andere, für den ebenso wie für mich gilt, dass Entscheidungen unserer Willensvermögen, die in deren bloß durch Willkür bestimmter, äußerer Betätigung miteinander kollidieren können, gleichwohl miteinander kompatibel sind, wenn sie nur gemäß Normen des Rechts getroffen werden, unter denen schon Privatpersonen rein als solche und sogar noch in einem nicht-rechtlichen Zustand stehen. Ganz gewiss aber wird es dem common sense nicht gelingen, sich davon zu überzeugen, jeder von beiden eines jeglichen derartigen Paars von Willkürsubjekten, deren Willkürbereiche sich überschneiden, sei den Menschenrechte-Ansprüchen und -Pflichten entsprechend und sei allein schon deswegen dem jeweils anderen gegenüber *vertraglich* verpflichtet; oder sie seien beide schon als Privatpersonen überhaupt einander wie Vertragspartner verpflichtet; und beide hätten allein schon *deshalb* wechselseitig menschenrechtliche Ansprüche aneinander, und zwar auch auf Leistungen füreinander. Schon Kants Lehre von der subjektiv bedingten Erwerbung vor

einer Gerichtsbarkeit sollte mich ja eines Besseren belehrt haben[61] und kann mich dessen de facto eines Rechtsstreits zwischen mir und ihnen belehren. Außerdem aber kann für unzählige dieser Personen-Paare dem common sense kein Dokument eines entsprechenden Tauschvertrags zwischen deren beiden Gliedern vorgelegt werden. Zwischen unzählig vielen von ihnen besteht ja definitiv keine vertragliche Beziehung, also auch keine tauschvertragliche. Wie auch nur soll unter solcher Voraussetzung der vertragliche Tausch zwischen Privatpersonen wenigstens ein »Modell« für Menschenrechte sein können (also etwas die Menschenrechte »Modellierendes«)?[62] – Warum, andererseits, sollte ich – diese Auffassung von Menschenrechten verwerfend – annehmen, die unmittelbare Gewissheit meines Wissens, wie ich die Forderung im Postulat des öffentlichen Rechts zu befolgen habe, bleibe mir auf jeden Fall erhalten, *obwohl* ich nicht sagen kann und mir nicht einmal vergegenwärtigen will, wie sich dieses Wissen auf den Erfolg der mir gebotenen Kooperation mit anderen hin sachgemäß spezifizieren und mit Ansprüchen an die zu gewinnenden Kooperationspartner verbinden lässt? – Jede positive Antwort auf all diese Fragen wäre höchst unplausibel. Wir kennen kein Wissen-wie, das so unspezifizierbar und doch dauerhaft zu praktizieren wäre. Vor allem aber ist rechtlich relevanter Tausch an vertragliche Abmachungen gebunden, und die setzen wirkliche Vertragsabschlüsse voraus.

Mit den im analytischen Teil der Untersuchung aufgewiesenen Gründen hingegen entstehen diese Unplausibilitäten nicht. Mit ihnen kann nun im Gegenteil der Ausdruck »Postulat« sogar jene lebensweltlichen, dem common sense entsprechenden Bedeutungsingredienzen zurückerlangen, die das seine sprachliche Wurzel bildende Verb auszeichnen. Das lateinische »postulare« heißt ja schließlich nicht nur »fordern« und »heischen«; es wird vor allem in personaler Beziehung gebraucht und heißt dabei so viel wie »von jemandem etwas (oder auch jemanden als etwas) beanspruchen«; schließlich aber auch »jemanden vor Gericht ziehen, ihn gerichtlich belangen«, worauf es ja auch beim Befolgen der Forderung jenes Postulats, welches dasjenige des öffentlichen Rechts ist, bei anhaltendem Streit zwischen den durch dieses Postulat Verpflichteten am

---

[61] Vgl. MARL §§ 36–40.
[62] Vgl. dagegen O. Höffe in *Transzendentaler Tausch – eine Legitimationsfigur für Menschenrechte?*

Ende in der Tat hinausläuft. – So kann der Streit zwischen den diskutierten, miteinander unverträglichen philosophischen Positionen an dieser Stelle getrost dem »Gerichtshof der gemeinschaftlichen Menschenvernunft«[63] (in Sachen praktischer Erkenntnis des Rechts) übergeben werden. Auch dies ist ein Argument zugunsten des im analytischen Teil der Untersuchung direkt begründeten Übergangs von den der Untersuchung unterliegenden Urteilen als vorläufigen zu ihnen als für Menschenrechte bestimmenden. Zum dialektischen Teil jeder Kantisch gedachten philosophischen Untersuchung gehört es nämlich, Ergebnisse subtiler philosophischer Reflexionen abschließend an den common sense rückzubinden. Es trägt kräftig zur Glaubwürdigkeit des Übergangs von vorläufigen Urteilen zu bestimmenden bei.

C) Mit der skizzierten Argumentation ist noch nicht aufgedeckt, dass die darin geltend gemachten Gründe, die zweifellos zugunsten der oben exponierten menschenrechtlichen Ansprüche sprechen, den diese Ansprüche formulierenden Urteilen den Charakter *praktischer Erkenntnisse* sichern. Dafür fehlten bis jetzt die nötigen kriteriellen Erwägungen. Wie also steht es damit? Wie ist das ganze Ensemble der im analytischen sowie dialektischen Teil der Untersuchung vorgetragenen Argumente als Begründungsgang für praktische Erkenntnis zu charakterisieren und dessen Ergebnis in epistemologischer Hinsicht notfalls zu verbessern?

1. *Das Formale* betreffend liegt auf der Hand, dass weder alle Argumente zusammen noch irgendwelche Teile von ihnen einen *Beweis* liefern für das Postulat des öffentlichen Rechts oder gar für den Satz, dass die Rechtsforderung, aus dem nicht-rechtlichen Zustand in einen rechtlichen überzugehen, bei ihren Adressaten verbunden ist mit Wissen, wie man sie befolgen kann. Ein direkter Beweis ist nach Kantischem Verständnis Vermittlung der (dadurch mittelbaren, rationalen) Gewissheit der Wahrheit einer conclusio in einem (selbst mittelbaren) Schluss aus durchweg wahren und als wahr erkannten Prämissen, unter denen mindestens eine (als »minor«) durch korrekte Subsumtion unter eine im Verhältnis dazu allgemeine Prämisse (als »maior«) zur schlüssigen Begründung der conclusio verhilft.[64] Doch weder für das Postulat selbst noch für den soeben angeführten Dass-Satz wird im Gang der hier zur Diskussion stehenden Unter-

---

[63] Vgl. AA XXIV, 552.
[64] Vgl. Jäsche 1800, Einleitung, IX., 3., Abs. 7f.

suchung ein solcher Schluss geliefert. Ebenso wenig wird das Postulat als solches oder der Dass-Satz in einem indirekten Beweis aus der erwiesenen Falschheit des kontradiktorischen Gegensatzes bei einer als vollständig erkannten Alternative von Satz und Gegensatz mittelbar erschlossen. Die Behauptung, dass es sich beim Postulat des öffentlichen Rechts um einen *unerweislichen* Satz handelt, wird also nicht angetastet. – Sensu stricto bewiesen wird in der Untersuchung auch nicht der Satz, das im Postulat vorausgesetzte Wissen-wie spezifiziere sich notwendigerweise zum Wissen, dass die oben bezeichneten Ansprüche bestehen, dass sie geltend gemacht werden dürfen (oder sogar müssen) und dass allemal auch ein Können vorliegt, sie erfolgreich geltend zu machen.

Die Argumente hinsichtlich ihrer Form und Leistung etwas näher betrachtet muss man vielmehr sagen: Diejenigen des analytischen Teils können für sich genommen die Spezifikation weder als alternativlos noch als allemal erfolgreich, geschweige denn als vollständig erweisen. Diejenigen des dialektischen Teils liefern zwar zureichende Gründe, aus denen sich verschiedene, besonders naheliegende Alternativen als bloß scheinbare erweisen; aber selbst mit den Argumenten des analytischen Teils zusammen vermitteln sie keine unumstößliche Gewissheit, dass die im analytischen Teil direkt begründete Spezifikation alternativlos und das durch sie spezifizierte Wissen-wie allemal erfolgreich, also auch in concreto praktisches Wissen ist. Um so weit zu reichen, müsste der apagogische Teil der Argumentation auf einer vollständigen, rein logischen Einteilung beruhen oder die Vollständigkeit einer nicht rein logischen Einteilung, auf welcher er beruht, zuvor bewiesen haben. Beides aber ist nicht der Fall, und das letztere könnte allenfalls in einem viel ausführlicheren Gang der Untersuchung geschehen, in welchem der analytische Teil oder seine Retraktion zusammen mit einer vertieften, direkten Begründung menschenrechtskonstitutiver Ansprüche am Ende auch eine begründete, systematisch vollständige Einteilung des Begriffs der Menschenrechte sowie aller eventuellen Begründungsalternativen dazu geliefert haben müsste, bevor deren Begründung als vollständig hinsichtlich aller in der Einteilung des Begriffs eingeteilten Rechtssachen zu erweisen wäre und in Abhebung davon alle Argumente für Alternativen hierzu als Scheinargumente entlarvt werden könnten. Das wäre jedenfalls mehr verlangt, als Kant für ›Metaphysische Anfangsgründe der Rechtslehre‹ hinsichtlich all ihrer Begründungsaufgaben erforderlich schien. Auch für eine auf diesen

Näheres zur philosophischen Begründung der Menschenrechte 69

Anfangsgründen basierende, ausführliche philosophische Lehre von Menschenrechten dürfte es sich nicht anders verhalten.

2. Leisten die Argumente der skizzierten Untersuchung nicht auch ohne so ideale Vollkommenheit alles, was man von ihnen für eine Begründung der Menschenrechte erwarten sollte? Und was zeichnet, sollte das der Fall sein, die Leistung als Ergebnis erfolgreicher Untersuchung aus? Um hierauf zu antworten, ist noch etwas genauer als bisher auf den Inhalt und formalen Charakter jener Argumente einzugehen. – Angesichts der prominenten Stellung, die in Kants Metaphysik – auch der praktischen Erkenntnis – *Deduktionen* innehaben, könnte man denken, mindestens um eine solche müsste es sich im Fall der Begründung von Menschenrechten handeln. Näher besehen aber ist gerade das glücklicherweise nicht der Fall. *Deduktion eines Begriffs* nämlich in dem engen, diesem Ausdruck von Kant gegebenen Sinn, ist nicht irgendeine Begründung der Behauptung, dass der betreffende Begriff erfüllt, also nicht leer sei. Sie ist vielmehr eine Begründung, in welcher auf den subjektiven Ursprung dieses Begriffs zurückgegangen und aus solcher Herkunft seiner dessen Gebrauch von der mit ihm bezeichneten Sache als rechtmäßig gerechtfertigt wird. Aber damit nicht genug: Beim zu rechtfertigenden Gebrauch muss es sich auch um einen spezifisch *objektiven* handeln – um einen Gebrauch in Bezug auf etwas dem subjektiven Begriffsursprung gerade Entgegengesetztes; z.B. im Fall praktischer Erkenntnis um den intelligiblen Besitz an einer äußeren Sache oder um die objektive, mehr als ein Willenssubjekt umfassende, im Vertragsschluss zustande kommende Gemeinschaftlichkeit eines bestimmten Willens mit bestimmtem Willen einer anderen Person oder mehrerer anderer Personen.[65] Um etwas derartiges geht es bei der Aufgabe, eine bestimmte Spezifikation für ein in abstracto bereits unmittelbar gewisses Wissen zu begründen, gerade nicht. Man versteht daher sehr gut, dass sich Kant nicht nur im Fall seines Postulats des öffentlichen Rechts, sondern auch im Fall seiner Begründung des rechtlichen Postulats der praktischen Vernunft gehütet hat, von einer Deduktion zu sprechen.[66] Anders als im Fall der Begründung, um die es in unserem Kontext geht, müsste eine Deduktion aber auch die logische Form eines (direkten) Beweises haben, in welchem ausgehend von etwas Subjektivem auf Objek-

---

65 Vgl. AA VI, §§ 6, 19.
66 Vgl. ebd. § 2.

tives mittelbar geschlossen wird. Umso vorteilhafter also, wenn in unserem Fall keine Deduktion erforderlich ist, weil wir in der Begründung gar nicht durch mittelbaren Schluss von Subjektivem auf Objektives überzugehen, sondern nur ein in abstracto schon vorliegendes, unmittelbar gewisses Wissen von einem Willensobjekt begründetermaßen zu spezifizieren haben – wobei sich dann freilich *infolge* solcher Spezifikation eines zunächst sehr abstrakten praktischen Wissens auch dessen bis dahin bloß abstrakt gedachtes »Objekt« näher bestimmt, und das sogar in mehrstufiger Weise: Der rechtgebotene, tatsächliche Übergang nämlich, in welchem die Befolgung des Postulats besteht, führt in einen rechtlichen Zustand des Nebeneinanderseins mit anderen derart, dass darin distributive Gerechtigkeit waltet; und er bestimmt sich dabei zu einem Übergang, für den die umrissenen menschenrechtlichen Ansprüche an die betreffenden anderen Personen bestehen und geltend gemacht werden müssen. Und der durch diesen Übergang herbeizuführende rechtliche *Zustand* als letztes Objekt der im Postulat enthaltenen, verpflichtenden praktischen Erkenntnis spezifiziert sich nun als einer, in welchem die schon für den Übergang maßgeblichen menschenrechtlichen Ansprüche fortbestehen, darüber hinaus aber zusätzliche Adressaten bekommen und sich sukzessiv um weitere Ansprüche derselben Art und Inhabermenge bereichern, sodass dadurch auch der Begriff des zu erreichenden rechtlichen Zustandes inhaltlich reicher wird.

3. Die negative Auskunft, dass wir es nicht mit einem förmlichen Beweis zu tun haben und auch nicht speziell mit einer Deduktion im Kantischen Sinne, mag allerdings in inhaltlicher Hinsicht Zweifel aufkommen lassen, ob denn dann für den umrissenen Begründungsgang überhaupt berechtigtermaßen von einer *praktischen Erkenntnis* und für deren Ergebnis von einem *Wissen* gesprochen werden kann. – Dieses Bedenken lässt sich, glaube ich, im Horizont und mit den Mitteln der Kantischen Lehre von praktischer Erkenntnis sowie von deren Verhältnis zur theoretischen Erkenntnis ausräumen. Allerdings sind auch hierfür ergänzende Gedanken zu den von Kant selbst geäußerten zu entwickeln. Eine ausführliche Darlegung der erforderlichen Reflexionen würde den Rahmen einer Abhandlung über Menschenrechte sprengen. Aber schon im Umriss kann man, möglichst dicht Kantischen Vorgaben folgend, gut sehen, dass der Zweifel unangebracht wäre. Allerdings verlangen die Reflexionen dazu Ausführungen, die man normalerweise nicht in der Evalua-

Näheres zur philosophischen Begründung der Menschenrechte 71

tion einer Begründung von Menschenrechten erwarten wird. Obwohl sie ebenfalls dieser Begründung dienen und den obigen Argumenten erhöhte Überzeugungskraft verschaffen, werden sie daher im Folgenden zum Inhalt eines eigenen Kapitels gemacht.[67] Schon jetzt aber lässt sich wohl absehen: Wenn die Reflexionen überzeugend ausfallen, dann dürfte damit auch alles Nötige zur hinreichend konkret gewordenen Beantwortung der ersten jener beiden Fragen gesagt sein, zu denen oben in IV [unter den eingerückten Rubriken »ad (1) – generell« sowie »ad (2) – und (1) des Weiteren«] das Vordringlichste gesagt wurde.

---

[67] Wer sich für derart abstrakte Überlegungen nicht interessiert, kann dieses Kapitel auf sich beruhen lassen, ohne dass ihm das darauffolgende unverständlich wird, sofern er nur die in Abschnitt C) eingerückt gesetzten und unter den Ziffern 1) bis 5) aufgeführten Verfahrensregeln für den Rückgang von einem praktischen Folgesatz in sein allererst zu entdeckendes antecedens beachtet. Bei energischer Bemühung um genuin philosophische Einsicht hingegen dürften die nun anzustellenden Überlegungen unumgänglich sein.

V.
Spezielle Überlegungen zur Evaluation der Begründung

Die wichtigsten Gesichtspunkte zur Beschwichtigung des naheliegenden Zweifels sind: Falls wir es im Verlauf der thematisierten Untersuchung beim Aufspüren und Zusammenstellen von Gründen, die zunächst vorläufigen Urteile zu bestimmenden zu machen, mit Erkennen und im Ergebnis beim Fürwahrhalten der so bestimmend gemachten Urteile mit Wissen zu tun haben, müssten sich diese Urteile dank der ihnen zuteil gewordenen Begründung auszeichnen durch gewisse logische Qualifikationen, die für *Erkenntnis als solche* konstitutiv sind. Im vorliegenden Kontext sollten also vornehmlich solche Qualifikationen und Kants Auffassung von ihnen interessieren.

Kant hat sie *logische Vollkommenheiten* genannt, weil ohne sie »cognitiones« (d. h. objektive Perzeptionen) nicht als Erkenntnisse im vollen Sinn gelten können und ein Fürwahrhalten von Urteilen mittels solcher Perzeptionen nicht ein Wissen sein könnte. Vollkommenheit nämlich ist nach der allgemeinsten Bedeutung dieses Ausdrucks eine Zusammenstimmung von vielen Sachen, sofern sie einen Grund von Einem enthalten, zu dem sie zusammenstimmen. Sie muss in jeder Erkenntnis vorliegen, sofern diese als cognitio eine komplexe Vorstellung ist und aus Teilvorstellungen besteht, die zusammen eine einzige von dem einen Objekt ausmachen, das sie vorstellen und worüber ein bestimmendes Urteil etwas behauptet. Im Fall *praktischer* Erkenntnis aber hat sich das Urteilen erst einmal durch Sich-Bestimmen des praktischen Vernunftvermögens auf das Objekt auszurichten, worüber dann auch feststellend zu urteilen ist, und hat sein Zustandekommen (via Ausführen oder Unterlassen äußerer Handlungen) zu erwägen. Nur so kann Erkenntnis – auf die eine oder andere Weise – »Übereinstimmung einer Vorstellung mit dem Gegenstande« sein.[68] Ebenso aber wie man die bezeichnete Zusammenstimmung selbst und eine cognitio, die sich durch sie auszeichnet, Vollkommenheit nennt, mag man die für sie konstitutiven, formalen Qualifikationen eines Urteils dessen Erkenntnisvollkommenheiten nennen. Wie das Untersuchungsverfahren hat Kant auch sie in den Einleitungen zu seinen Vorlesungen über allgemeine Logik thematisiert.

Wenn man sie, wie nun geschehen soll, in unserem Kontext berücksichtigt, darf man jedoch nicht vergessen, dass sich die hier interessierenden Urteile, um Erkenntnisse zu sein, zunächst einmal dadurch auszeichnen müssen, ein *kategorial bestimmtes Objekt* zu haben. Wie also sind unter diesen Gesichtspunkten die oben umrissenen Begründungsschritte zu beurteilen?

A) Ohne Zweifel kommt den grundsätzlichen, Menschenrechte betreffenden Urteilen die Auszeichnung zu, ein solches Objekt zu haben, und zwar auf die zu erwartende doppelte Weise. Denn *zum einen* ist der jeweilige Gegenstand dieser Urteile in seiner allgemeinsten begrifflichen Verfasstheit bestimmt durch die *Kausalitätskategorie* – als je nachdem mögliche, kontingent wirkliche oder notwendig in Erscheinung tretende Wirkung einer Ursache, welche die sich aus Freiheit selbst bestimmende, reine praktische Vernunft so ist, dass sie durch Betätigung des einen oder anderen Willkürvermögens und Motivation zu dieser Betätigung im Bewusstsein des Subjekts solcher Vernunft selber zur Erscheinung kommt, sodass sie als solche auch von anderen Subjekten festgestellt werden kann – als hinreichend motiviert, wenn nicht durch innere Selbstgesetzgebung der Subjekte, so jedenfalls durch die einer möglichen äußeren Gesetzgebung entsprechenden Mechanismen äußeren Zwangs. Ohne weiteres zuzugestehen ist im Kantischen Kontext der Untersuchung ferner, dass sowohl die Wirkung als auch der im Bewusstsein erscheinende Teil ihrer Ursache – theoretisch vorgestellt – die für den Erkenntnischarakter solcher Objektvorstellungen nötige ästhetische Qualifikation besitzen. Daher fällt weder die Wirkung noch die Ursache aus dem Rahmen der konstitutiven Minimalerfordernisse sowohl für ästhetische Vollkommenheit von Erkenntnis als auch für kategoriale Bestimmtheit des Objekts solcher Erkenntnis. Sie alle genügen hinsichtlich allgemeinster Erfordernisse denjenigen formalen sinnlichen sowie intellektuellen Bedingungen, denen gemäß je-

---

[68] AA XXIV, 653.

des Objekt praktischer Erkenntnis in seiner bloß gegenständlichen Bestimmtheit überhaupt auch ein mögliches Objekt theoretischer Erkenntnis sein muss.

Zum anderen bedarf es für die *spezifisch praktische* Seite der fraglichen Erkenntnis, was begriffliche Bestimmtheit des praktisch möglichen, wirklichen oder notwendigen Objekts als eines vorgestellten betrifft (im Unterschied zur Stimulation des Willens- und Willkürvermögens, das Objekt wirklich zu machen oder sein Wirklich-Machen zu unterlassen), über die erforderlichen *logischen Vollkommenheiten* hinaus nur noch einer zu den einschlägigen Kategorien des theoretischen Verstandes hinzukommenden, begrifflichen Bestimmtheit durch die *Kategorien der Freiheit*. Nichts kann ja bekanntlich »ohne Einschränkung für gut ... gehalten werden, als allein ein *guter Wille*«.[69] Die alleinigen *Objekte* praktischer Vernunft aber sind die »vom *Guten* und Bösen«.[70] Dementsprechend sind deren Begriffe als Begriffe des objektiv Guten und Bösen überhaupt »Folgen der Willensbestimmung apriori«. Zudem aber sind solche Folgen nicht nur diese Objektbegriffe, sondern auch das darunter begriffene, jeweilige Gute und Böse selber, das »vom« Guten bzw. »vom« Bösen ist als einerseits im Ursprung allein aus der intelligiblen Kausalität eines reinen Willens hervorgegangenes und entsprechend intendiertes oder zudem verwirklichtes Willensobjekt, andererseits aber ein Willensobjekt, bei dessen Konzipierung, Konkretisierung, Willensentscheidung oder auch erst Entscheidungs-Ausführung sich der Wille von seinen reinen Vernunftprinzipien (einer möglicherweise intelligiblen Kausalität) durch Vernunft-fremde Anreize hat abbringen lassen. Und die Spezifikationen der Objektbegriffe zum einen oder anderen sind »insgesamt Modi einer einzigen Kategorie«[71] qua konstitutiver apriorischer Bestimmung eines Objekts möglicher Erkenntnis überhaupt: nämlich des reinen Verstandesbegriffs der Kausalität, der hier jedoch sowohl als unschematisierter reiner Verstandesbegriff (einer möglicherweise intelligiblen Kausalität) wie auch als schematisierter Begriff erscheinender Kausalität genommen werden muss; zudem aber als Begriff einer Willens-Kausalität, gemäß welcher – vom in der *praktischen* Vernunft

---

[69] Vgl. *Grundlegung zur Metaphysik der Sitten.* Erster Abschnitt, erster Satz (AA IV, 393).
[70] *Kritik der praktischen Vernunft* (1788), A 101.
[71] Kant 1788, A 114.

ursprünglich Guten und Bösen her – die alleinigen Objekte (dieser Vernunft) selber gut bzw. böse sind. Die *Kategorien der Freiheit* hingegen (als apriorische, objekt-konstitutive Begriffe der praktischen Vernunft überhaupt) gliedern sich »in Ansehung des Guten und Bösen« ebenfalls nach der Systematik der Urteilsfunktionen und zeichnen dabei diejenigen praktisch-apriorischen, zusätzlichen begrifflichen Objektbestimmungen aus, unter welchen gute sowie böse Objekte der praktischen Vernunft überhaupt als objektive Einheiten von Begehrungsmannigfaltigem zu denken, am Ende aber auch erkennend auszumachen sind.[72] Als solche Kategorien bestimmen sie, sofern sie nur »die praktische Vernunft überhaupt angehen«,[73] selbst da, wo sie moralisch noch unbestimmt und sinnlich bedingt sind, auch einen Gegenstand der reinen praktischen Vernunft überhaupt und *in ihm* dann jeden der reinen praktischen Vernunft gemäßen, besonderen Gegenstand praktischer Vernunft überhaupt: sie legen apriorisch die Gesichtspunkte und die Weisen fest, unter denen (bzw. wie) gegebenes Begehrungsmannigfaltiges durch die praktische Vernunft überhaupt sowie durch die reine Vernunft alleine zur einen oder anderen – bösen oder guten – objektiven Einheit zu bringen ist, am Ende aber auch in concreto gebracht wird. Was bedeutet das für die Evaluation obiger Begründung?

Trivialerweise ist die von Kant ausgemachte, erfahrungsunabhängige Bestimmtheitsbedingung für Objekte praktischer Erkenntnis auch fürs Objekt des Postulats und der in diesem enthaltenen Forderung erfüllt; und dies zweifellos auch dann, wenn das im Postulat des öffentlichen Rechts ganz abstrakt gedachte Objekt zu den Objekten von menschenrechtlichen Ansprüchen spezifiziert wird. Was ernstliche Bedenken wecken kann hinsichtlich einer Bejahung der Frage, ob die uns interessierenden Urteile sich dank der zu ihren Gunsten sprechenden Gründe als Erkenntnisse qualifizieren, dürfte sich daher nur noch finden können in den *allgemeinen* Erfordernissen *logischer Vollkommenheit* von Erkenntnissen überhaupt sowie in deren für *praktische* Erkenntnisse spezifischen Ausprägungen. – Wenn die uns hier interessierenden, im Lauf der Untersuchung bestimmend zu machenden Urteile ein Wissen *spezifizieren*, das im Bewusstsein vom Postulat des öffentlichen Rechts unmittelbar enthalten ist, und wenn dieses Wissen hinsichtlich seines Objekts be-

---

[72] Kant 1788, A 115–117.
[73] Kant 1788, A 116.

reits in abstracto bestimmt ist, so müssen jene Urteile ein Wissen betreffen, welches Ergebnis von gegenständlichem Erkennen und selber eine bestimmte gegenständliche Erkenntnis ist, wenn auch beides im Rahmen einer schon ausgemachten praktischen Erkenntnis. Dazu aber müssen sowohl die zu begründenden als auch die sie begründenden Urteile mindestens die für Erkenntnis überhaupt sowie die für praktische Erkenntnis konstitutiven logischen Vollkommenheiten aufweisen. Wie also steht es damit?

Leider hat Kant über logische Vollkommenheiten, die in sie besitzenden Urteilen für Erkenntnis teils konstitutiv, teils regulativ sind, einigermaßen detailliert nur bezüglich theoretischer Erkenntnis Auskunft gegeben, nicht aber diese Auskunft, von einer strikt allgemeinen Lehre logischer Erkenntnisvollkommenheiten ausgehend, auch spezifiziert für praktische Erkenntnis. Es macht jedoch, wie mir scheint, keine unüberwindliche Schwierigkeit, an den durch Kant bezeichneten logischen Vollkommenheiten erst einmal von allen besonderen Merkmalen für theoretische Erkenntnis zu abstrahieren und dann diesem Abstraktionsprodukt im Zuge vernunftkritischer Begriffsanalysen das fürs praktische Erkennen Kennzeichnende hinzuzufügen – zumal man für unseren Zweck von den regulativen Vollkommenheiten[74] absehen und sich auf die konstitutiven beschränken kann, wenn es darum geht zu sagen, wie sich vernunftrechtliche Urteile zu Erkenntnissen mit dazu gehörendem Objektbezug überhaupt qualifizieren. Dieses Vorgehen abkürzend beschränke ich mich hier zusätzlich darauf, den von Kant genannten, für theoretische Erkenntnisse konstitutiven logischen Vollkommenheiten ihre praktischen Gegenstücke nur da schematisch hinzuzufügen, wo dies mir für die Evaluierung der oben skizzierten Begrün-

---

[74] Zu dieser Gruppe von Erkenntnisvollkommenheiten zählt, wie mir scheint, u. a. jenes *reflective equilibrium* zwischen einerseits Urteilen über allgemeine Regeln und andererseits Urteilen über für sie relevante Einzelfälle, d. h. das »Reflexionsgleichgewicht«, welches J. Rawls für praktische Erkenntnisse gefordert und eindrucksvoll erläutert hat. (Vgl. *A Theory of Justice*, Rawls 1971, 20 f., 48 ff.) Es fallen unter die regulativen Erkenntnisvollkommenheiten aber z. B. auch die zur objektiven und materialen *Allgemeinheit* von Urteilen gehörende *intensive* Bestimmtheit einer Erkenntnis i. S. der die ganze Tiefe ihres Objektbegriffs durchdringenden *Realdefinition* sowie die *extensive* einer *vollständigen*, alle unter den Begriff fallenden, besonderen Objekte berücksichtigenden *Einteilung* des Begriffs und seines Objekts. (Vgl. AA XXIV, 524, 636 f., 717, 756–762, 822, 913 ff., 925–928.)

Spezielle Überlegungen zur Evaluation der Begründung 77

dung von Menschenrechten besonders wichtig erscheint und nicht ganz leicht auszumachen ist.[75]

Damit Urteile sich überhaupt durch besondere Merkmale zu (Bestandteilen von) Erkenntnissen und Wissen qualifizieren können, dürfen sie nach Kantischer Auffassung nicht nur als Aussagen genommen werden oder als Aussagen mit Wahrheitsanspruch, d. h. Behauptungen. Vielmehr sind sie darüber hinaus zu verstehen als ein *Fürwahrhalten* ihres Aussage-Gehalts in Bezug auf dessen bereits unter objektkonstitutiven Begriffen (»Kategorien«) gedachtes Objekt. Sollen sie sich zu *praktischer* Erkenntnis qualifizieren, so muss zu solchem Fürwahrhalten das *Fürguthalten* in Bezug auf ein Objekt hinzutreten, das in Kategorien der Freiheit gedacht wird und allererst noch praktisch wirklich zu machen ist durch Bestimmen sowie der Bestimmung entsprechendes, in äußeren, willkürlichen Handlungen oder Unterlassungen resultierendes Betätigen eines Willensvermögens. Im eigentlichen Sinn durch Handeln oder Unterlassen praktisch wirklich gemacht werden kann das Objekt dabei nur aus einem objektiven, nämlich gesetzlichen – in unserem Fall rechtsgesetzlichen – Grund. Das betreffende Gesetz muss jedoch nicht allemal ein »obligatorisches« (d. h. gebietendes oder verbietendes) sein. Es kann auch in einem Erlaubnisgesetz bestehen, unter dem das Objekt als – nicht indifferent, sondern gesetzlich – erlaubtes wirklich wird und auch schon vor seiner Realisierung in erlaubter äußerer Handlung sowie Unterlassung praktisch wirklich ist. Auf dieses willentlich in der einen oder anderen Weise zu realisierende Objekt hin muss auch die gesetzgebend sowie unterm Gesetz und ihm gemäß bestimmend urteilende Vernunftbetätigung selber für gut gehalten werden. Dabei differenzieren sich aber die prinzipiellen, erkenntniskonstitutiven Qualifikationen solchen – theoreti-

---

[75] Ein nach allen Regeln der Kunst verfahrendes Vorgehen müsste natürlich erst einmal ausdrücklich den Doppelschritt ausführen, zunächst von allem für logische Vollkommenheiten theoretischer Erkenntnis Spezifischen zu abstrahieren und dann erst, im Anschluss daran, alle theoretischen und praktischen Momente logischer Vollkommenheit einander gegenüber zu stellen; allererst dann wären die der theoretischen Seite gegenüberstehenden Ergebnisse dieses Schritts anzuwenden auf den besonderen Fall jenes rechtlich-praktischen Wissens, das zum Postulat öffentlichen Rechts gehört. Auch ohne so viel Sorgfalt kann man jedoch, wie mir scheint, feststellen, dass und warum die [in IV B)] gegebene Begründung von Menschenrechten den allgemeinen Erfordernissen praktischer Erkenntnis genügt.

schen und/oder praktischen – Urteilens, indem sie das Urteil gemäß den vier logischen »Quadranten« jeden Urteils auszeichnen, d. h. in seiner *Quantität, Qualität, Relation* (auf anderes Urteil sowie aufs Objekt) und *Modalität*. Die in unserem Kontext wichtigen Qualifikationen sind diejenigen der Relation, der Qualität und der Modalität. Denn die der (allgemeinen) Quantität sind in unserem Fall trivialerweise gegeben.[76]

Hinsichtlich der *Relation* besteht die erkenntniskonstitutive Qualifikation zweifellos in der *Wahrheit* des Urteils sowie zusätzlich – bei praktischer Erkenntnis – im *Gutsein* des Urteilsobjekts und der Urteilsbestimmungen, die das praktische Vernunftvermögen qua Wille aufs so bestimmte Objekt ausrichten, während die Disqualifikation in Falschheit bzw. Böse-sein besteht. Ausschlaggebend für eine praktisch-epistemische Beurteilung werden daher letztlich *Kriterien* der Wahrheit eines Urteils sein sowie des Gutseins seiner in Bestimmungen, welche im Urteil vorausgesetzt und enthalten oder vorgenommen sind. Erforderlich für kontrollierten Umgang mit den Kriterien aber sind vorrangig die übrigen erkenntniskonstitutiven Urteilsvollkommenheiten: Wenn man die Quadranten in Gegenrichtung zum Uhrzeigersinn durchläuft, sind das – nach der schon erwähnten Allgemeinheit als Vollkommenheit der *Quantität* – hinsichtlich der *Qualität* eine *Deutlichkeit* (d. h. Klarheit der unterscheidenden Merkmale) des Urteils, die hinreichend ist zu dessen den Erfordernissen der Modalität genügender Begründung sowie zur effektiven Anwendung der Kriterien im Evaluieren der Urteile. Die Deutlichkeit, deren es zur Erkenntnis bedarf, ist also jeweils relativ zu den anderen Erfordernissen. Darüber hinaus aber ist sie relativ auf einen Erkenntnis*horizont*, den die Art der Erkenntnis und die Urteilsvoraussetzungen begrenzen, soweit sie in Beurteilungen durch die jeweiligen Erkenntnisvermögen gemacht werden.[77]
Unmaßgeblich für die Evaluierung hinsichtlich genuin praktischer

---

[76] Sie bestehen darin, dass das in seinem Charakter, Erkenntnis zu sein, fragliche Urteil jedenfalls durch Allgemeinheit in subjektiver sowie in objektiver Bedeutung ausgezeichnet ist; dadurch nämlich, dass das im Urteil Ausgesagte (oder sonst noch statuierte) sowohl *für alle Urteilenden* gelten kann (da seine Verifikation auf übersubjektive Kriterien angewiesen ist) als auch zutreffen kann *auf alle Instantiierungen* des im Urteil enthaltenen Objektbegriffs (und der für praktische Erkenntnis erforderlichen Tätigkeiten zu deren Hervorbringung).
[77] Vgl. Jäsche 1800, Einleitung VI.

Spezielle Überlegungen zur Evaluation der Begründung 79

Erkenntnis ist alles, was über dem betreffenden Horizont liegt (weil wir es nicht wissen können) oder *unter* ihm (als solcher, d. h. genuin praktischer, Erkenntnis nicht würdig). Das eine gilt relativ zum umfassenden Bereich des Praktischen (als einem Bereich, der willentliches Handeln überhaupt und davon Abhängiges betrifft) vor allem in Bezug auf moral-*theologische* Angelegenheiten, das andere hingegen in Bezug auf bloß *technisch*-praktische und *pragmatische* Fragen; denn die letzteren sind für genuin praktische Erkenntnis (des Rechts und des Moralisch-Ethischen) ebenfalls außerhalb des Horizonts; dies aber so, dass ihre Belange, soweit relevant, beim Suchen nach wahrhaft praktischer Erkenntnis als trivialerweise berücksichtigt genommen werden können, weil ihnen bereits in den Voraussetzungen der jeweiligen praktischen Erkenntnisurteile, soweit erforderlich, Rechnung getragen ist. Den uns interessierenden Urteilen ist daher der Erkenntnis-Charakter weder mit dem Argument zu bestreiten, sie seien moraltheologisch unbestimmt oder gar unbegründet; noch ist er mit Hinweis darauf abzusprechen, die Situation, in welcher jene Urteile das im Postulat des öffentlichen Rechts enthaltene Wissen und sein Objekt spezifizieren müssen, sei in technisch-praktischer oder pragmatischer Hinsicht zu undurchsichtig oder erst noch zu bestimmen, um ein zu solcher Spezifikation führendes Erkennen zu erlauben.

Das wiederum ist höchst relevant für die Qualifikation der Urteile nicht nur im Quadranten der Relation, hinsichtlich dessen es soeben berücksichtigt wurde, sondern auch im vierten Quadranten. Denn auch im Hinblick auf die *Modalität* eventueller Erkenntnis in den uns hier interessierenden Urteilen ist deren epistemischer Horizont zu beachten, damit die Evaluierung dieser Urteile nicht unerfüllbaren Forderungen unterworfen wird, wie z. B. den an theoretische Vernunfterkenntnis zu richtenden. Die ein Fürwahrhalten als Erkenntnis qualifizierende Modalität besteht – allgemein gesagt – im *Wissen*; nämlich in der Aktualisierung oder dem Resultat einer urteilsförmigen cognitio, deren Fürwahrhalten auf objektiv zureichenden Gründen beruht und sich zudem auszeichnet durch subjektiv für seine Gewissheit zureichende Gründe. Im Quadranten der Modalität qualifiziert sich ein Urteil also für Erkenntnis, welche so verstandenes Wissen aktualisiert oder zu ihm führt, dadurch, dass ihm ein *Urteil zweiter Stufe* hinzugefügt oder hinzufügbar ist, das objektiv zureichende Gründe fürs Fürwahrhalten des Objekturteils (und damit für die Wahrheit) enthält sowie zusätzlich bekräftigt wird durch subjektiv zureichende Gründe für die Gewissheit im Fürwahrhalten des Urteils erster Stufe. Im Fall eines praktischen Urteils enthält das Urteil zweiter Stufe zudem objektiv zureichende Gründe fürs Fürguthalten – und Gutsein – sowie subjektiv zureichende für Gewissheit im Fürguthalten des Objekts und Fürguthalten der zu dessen Realisierung führenden Bestimmungen des Urteils erster Stufe. Erkenntnis erfordert zudem, dass die Gewissheit des Fürwahrhaltens eines Objekturteils (sowie seines Fürguthaltens) aufgrund von objektiv zureichenden Gründen erlangt ist, nicht hingegen ohne sie. Nicht zuletzt aber müssen Gründe des Fürwahr- sowie Fürguthaltens sich als objektiv zureichende dadurch auszeichnen, dass sie ebenso wie die von ihnen begründeten Urteile *Kriterien* ihres Wahr- bzw. auch Gutseins genügen.[78]

B) Durch Prüfen anhand dieser Kriterien und dank deren Leistungsfähigkeit muss sich endgültig entscheiden, ob die uns interessierenden Urteile aufgrund der für sie oben [in IVB)] geltend gemachten Argumente als Erkenntnisse zu betrachten sind oder nicht. Zu beachten ist dabei, dass man es mit je spezifischen Leistungen zu tun hat, die gemäß *verschiedenen* Kriterien zu erwarten sind.

Der generellste Unterschied unter den Kriterien besteht zwischen wesentlichen (auch »objektiv« genannten), welche Merkmale der fraglichen Erkenntnis selber einschließlich ihres Objekts betreffen, und *außerwesentlichen* (auch »subjektiv« genannten) Kriterien, unter denen sich jemandes Urteile durch Verwandtschaft mit schon früher erlangter Erkenntnis anderer Gegenstände oder aber durch einen den Urteilen seitens anderer Menschen gespendeten Beifall empfehlen.[79] Ein typisches Beispiel hierfür ist die oben als zutreffend festgestellte Übereinstimmung des Begründungsergebnisses

---

[78] Um meine Formulierungen, die praktische Urteile betreffen, nicht noch unförmiger werden zu lassen, als leider unvermeidlich ist, werde ich im Folgenden, wenn solche Urteile zur Sprache kommen, nicht jedes Mal ausdrücklich machen, dass zu ihrem Fürwahrhalten ein Fürguthalten und zu ihrer Wahrheit ein Gutsein sowohl ihres Objekts als auch ihrer selbst hinzukommen muss, damit es sich bei ihnen um (objektive) Erkenntnis handeln kann. Die entsprechenden Textverdeutlichungen müssen beim Lesen für selbstverständlich genommen werden. Zu beachten ist dabei jedoch, dass die Qualifikationen »Gutsein«, »Fürguthalten« hier nur genuin praktischen Urteilen zukommen, nicht aber technisch-praktischen und pragmatischen, deren Zusatzqualifikationen zu Wahrheit und Fürwahrhalten hier nicht eigens zu erwägen sind.
[79] Vgl. AA XXIV, 628.

Spezielle Überlegungen zur Evaluation der Begründung 81

mit dem common sense. In dieser Hinsicht also spricht alles Nötige zugunsten der hier interessierenden Urteile und ihrer Begründung. Gewiss aber wäre das solcherart Ausgezeichnete ohne die Erfüllung von Forderungen *wesentlicher* Wahrheitskriterien so gut wie nichts wert. Diese Kriterien hingegen differenzieren sich in einerseits solche, denen alle Urteile, um Erkenntnisse sein zu können, schon in sich selbst, also auch abgesehen von ihren Gründen, genügen müssen und deren Forderungen zu erfüllen zwar *notwendige*, aber alleine noch *nicht hinreichende* Bedingung für den Erkenntnis-Charakter von Urteilen ist; und in andererseits solche, die zu ihnen hinzutreten müssen und denen gemäß die Bedingungen dann auch als für Wahrheit *hinreichend* gelten dürfen, weil sie bei Erfülltheit das Urteil als zureichend begründet erkennen lassen und so seinen Erkenntnis-Charakter garantieren. Wesentliche Kriterien der einen Art nennt Kant *interne*, die der anderen Art hingegen *externe*, da sie ihre Leistung aufgrund einer spezifischen Verknüpfung von Grund und Folge haben.[80] Zusätzlich zu den einschlägigen, schon genannten logischen Vollkommenheiten und kategorialen Bestimmtheiten ist bloß notwendige Bedingung, nun aber auch Merkmal für Wahrheit gegenständlicher Erkenntnis, deren *Widerspruchsfreiheit*. Ihre Feststellbarkeit bildet das interne wesentliche Kriterium für Wahrheit eines Urteils. Ihm ist oben Rechnung getragen sowohl in der Bestimmung des Begriffs der Menschenrechte als auch, glaube ich, in der skizzierten Begründung der Menschenrechte; letzteres aber nicht nur im analytischen Teil, sondern auch im dialektischen Teil der Begründung – mit dem Nachweis, dass die darin abgewiesenen Positionen bereits dem Erfordernis der Widerspruchsfreiheit nicht genügen. Freilich reicht dieses viel Irrtum abhaltende Kriterium als bloß negativer »Probierstein der Wahrheit«[81] nicht aus, um ein Urteil bei positivem Prüfergebnis als Erkenntnis zu bewerten. Die Möglichkeit hierzu besteht ja nach der angegebenen Einteilung der Wahrheitskriterien nur, wenn ein widerspruchsfreies Urteil außerdem als logische Folge mit einem wahren und als wahr erkannten Grund zusammenhängt.

---

[80] Vgl. z. B. Refl. 2174 (AA XVI, 258); an anderer Stelle (Refl. 2180; a.a.O. 260) bezeichnet Kant aber auch diese wesentlichen Kriterien als »innerliche logische«, da gemäß ihnen das »Merkmal der Wahrheit« jedenfalls »einem Erkenntnisse überhaupt innerlich« ist; dabei heißt »innerlich« bloß soviel wie andernorts »wesentlich«.
[81] Vgl. *Kritik der reinen Vernunft* (Kant 1787), B 84.

Das aber kann auf zweierlei Weise der Fall sein: *Entweder* nämlich ist der Grund im ihn formulierenden Urteil – bzw. dieses Urteil selbst – *einerseits* wahr ganz unabhängig von allen Urteilen, die daraus logisch folgen, *andererseits* aber – so unabhängig – auch erkennbar sowie erkannt als wahr und als zureichender Grund für seine Folgen, sodass die vorläufigen Urteile allein schon dadurch nach dem Prinzip des zureichenden Grundes zu bestimmenden werden – doch eben auch zu bewiesenen, falls der Grund im Wissen seiner zugleich apodiktisch gewiss ist. Wahrheitskriterium eines Urteils ist in diesem Fall also, ob dessen Gehalt nach dem Prinzip des zureichenden Grundes als wahr zu erkennen ist oder nicht; und diesem Kriterium gemäß zu sein macht dann die notwendige Bedingung der Wahrheit des Urteils zur zureichenden. *Oder* es gilt: Mindestens einige Folgen des Grundes sind auch »anderwärts gegebene Wahrheiten«[82] so, dass deren Zusammenhang mit dem Grund diesen unter noch zusätzlich zu erfüllenden Bedingungen allererst zu einem für die zu bestimmenden Urteile zureichenden macht. Wahrheitskriterium ist daher in solchen Fällen nicht schon das Prinzip des zureichenden Grundes selbst, sondern allererst die Möglichkeit des Rückschlusses auf einen solchen Grund für Folgen, die als sich daraus ergebend erkennbar sind, sodass das Urteil über den Grund dann das principium rationis sufficientis erfolgreich befolgbar macht.[83] – Wie steht es im Hinblick auf diese Kriterienalternative mit den uns interessierenden Urteilen, die menschenrechtliche Ansprüche formulieren, sowie mit den ihre Gründe formulierenden Urteilen, durch welche die uns interessierenden in der Untersuchung dann nicht nur irgendwie zu bestimmenden, sondern auch zu hinreichend begründeten werden?

Offenkundig ist das *erste* dieser beiden Wahrheitskriterien in unserem Fall zunächst nicht einschlägig. Es kann ja nicht um einen Beweis gehen, wenn ein unmittelbar gewisses, aber unbeweisbares praktisches Wissen zu spezifizieren ist; und die autonome praktische Vernunft eines jeden endlichen »Vernunftwesens« bedarf zur Spezifikation ihres Wissens von einem praktischen Objekt allemal einer ihr dazu von außen gegebenen und erfüllten notwendigen Bedingung, unter der die Spezifikation zu erfolgen hat. Gerade als rein

---

[82] Refl. 2180 (AA XVI, 260).
[83] Vgl. Refl. 2174, 2176, 2178, 2180, 2182 f., 2185 (AA XVI, 258–262); AA XXIV, 629, 719.

Spezielle Überlegungen zur Evaluation der Begründung 83

autonom tätige kann sich die endliche praktische Vernunft diese Bedingung nicht selbst setzen, obwohl sie sich die praktischen Gesetze ihrer Selbstbestimmung, die zu Willens- und Willkürentscheidungen führt, selbst gibt. Die Resultate der Spezifikation müssen also zwar als Folgen eines zureichenden Grundes festzustellen sein, um als wahr erkennbar zu sein und erkannt zu werden – aber gerade nicht als Folgen eines zu ihrem Beweis zureichenden Grundes und nicht ohne alle Bedingungen, welche der für die Spezifikation erforderlichen Betätigung des Vermögens genuin praktischer Erkenntnis vorausgesetzt sind. Während es unerlässlich bleibt, Antwort zu geben auf die Frage nach einem zureichenden Grund für die Urteile, die menschenrechtliche Ansprüche formulieren, kann dazu mithin nur der Nachweis verhelfen, dass sich das *zweite* der wesentlichen externen Wahrheitskriterien auf den gesuchten zureichenden Grund (bzw. das ihn formulierende Urteil) erfolgreich mit positivem Resultat anwenden lässt. Ein diesen Grund bloß behauptendes oder annehmendes Urteil würde die Rückfrage nach ihm in einen indefiniten Regress treiben. – Worin aber besteht, genauer bestimmt, das zweite Kriterium – und das im Fall nicht theoretischer, sondern praktischer Erkenntnis sowie zusätzlich zum Erfordernis der Verfügbarkeit relevanter notwendiger, der eigentlich praktischen Erkenntnis vorgegebener Bedingungen für Schritte, die entsprechendes Wissen spezifizieren? Was ergibt sich bei Anwendung dieses Kriteriums für die uns interessierenden Urteile und ihren Erkenntnisanspruch? Erst mit diesen Fragen kommen wir zum *springenden Punkt* der Aufgabe epistemologischer Evaluierung der oben skizzierten Begründung von Menschenrechten.

Kant hat das nun zu untersuchende Kriterium (der Wahrheit von Urteilen, welche für die uns interessierenden, genuin praktischen Urteile begründend sind), soweit mir bekannt, nicht eigens diskutiert und nicht einmal sein Pendant für die theoretische Erkenntnis näher charakterisiert. Es dürfte aber klar sein, dass es sich beim letzteren Fall um das Kriterium der Wahrheit von erklärenden Hypothesen im Rahmen einer Logik der *Entdeckungen* für Sachverhalte handelt, die in theoretischen Begriffen zu beschreiben sind. Wir haben es zu tun mit einem Wahrheitskriterium für Ergebnisse von »Abduktion«, deren Verfahren und Leistungsfähigkeit erst Ch. S. Peirce seit der zweiten Hälfte der 90er Jahre des 19. Jahrhunderts ingeniös untersucht und dabei nicht nur von logischer Deduktion, sondern auch von Induktion unterschieden sowie in seinem funktionalen Zusammenhang mit beiden sorgfältig bestimmt hat.[84] Klar ist wohl auch, dass wir es, von Besonderheiten theoretischer Erkenntnis abgesehen, allemal zu tun haben mit Kriterien für Wahrheit, welche dem Ergebnis eines Rückschlusses von einem (anderweitig als wahr ausgemachten) logischen consequens auf sein antecedens zukommt. Die Kriterien zeichnen, wenn ihre Anwendung erfolgreich ein positives Resultat ergibt, Urteile als *wahr* aus, die zunächst bloß als vorläufige genommen werden können, aber wenn sie bestimmend werden, andere Urteile zureichend begründen, sich also als die anderen Urteile *begründend* qualifizieren. Doch sie können dies selbstverständlich nur leisten, wenn der Rückgang vom consequens aufs antecedens *nach Regeln* erfolgte, die keine *formal-logischen*, sondern inhaltliche, engstens mit der besonderen Art von Erkenntnis verbundene sind und durch ihre Befolgung das nach dem Kriterium als wahr und begründend zu erkennende antecedens zum zuvor schon gegebenen consequens überhaupt erst auffindbar machen. Man darf also nicht hoffen, es im uns interessierenden Fall praktischer, begründender Rechtserkenntnis mit einem Kriterium zu tun zu bekommen, das sich ohne Reflexion auf diese Regeln und die Feststellung ihrer Befolgung oder Verletzung erfolgreich anwenden lässt. Vielmehr kann sich die vom Kriterium verlangte Verifikationsbedingung nur aus dem Inhalt der Regeln bestimmen. An diesem Inhalt nämlich muss sich ergeben, dass das antecedens, weil es dem Wahrheitskriterium genügt, fürs gegebene consequens einen *objektiven* Grund enthält, aus dem im gegebenen Kontext das consequens nach dem Prinzip des zureichenden Grundes logisch folgt. So verhält es sich nicht nur bei Erkenntnis dessen, was der Fall ist, mit einem den Fall erklärenden wahren, theoretisch bestimmten Grund, sondern auch im Bereich genuin praktischer Erkenntnis. Auch das entsprechende Kriterium für praktische, begründende Erkenntnisse verhilft beim positiven Ergebnis seiner Anwendung indirekt zur Bewahrheitung der uns interessierenden Urteile (als consequentia): und dies insofern, als es den eigentlichen *Erkenntnisgrund* dafür liefert, dass wir mittels seiner den *objektiven* Grund – und damit auch *Seinsgrund* –

---

[84] Vgl. Ch. S. Peirce, *Collected Papers* (1931 ff.), I. 120 f., 139, 608, 630; II. 270, 286, 679, 740, 747, 751, 776 f., 781, 786; V. 60, 161, 171 f., 182 ff., 189, 590 ff., 595, 599, 602 f., 613; VI. 415 ff., 418, 469, 476 f., 491, 529; VII. 202, 205, 218, 220 f., 679, 687; VIII. 231, 238, 251. (Die römischen Ziffern geben die Nummern der Bände an; die arabischen Ziffern hingegen bezeichnen nicht Seiten, sondern fortlaufende Nummern im Text.)

für die Wahrheit der menschenrechtliche Ansprüche formulierenden Urteile erkennen. Es erlaubt uns nämlich, unter widerspruchsfrei in vorläufigen Urteilen als möglich denkbaren, rechtlich-praktischen (obligierenden oder Erlaubnis gebenden) *Gesetzen* die wirklich vorliegenden und wirksam verpflichtenden zu *entdecken* und in ihnen den Seinsgrund für die Wahrheit der uns interessierenden Urteile zu erkennen. Und es rechtfertigt mit der Entdeckung den für sie erforderlichen *synthetischen* Schritt im Untersuchungsverfahren. Auf den uns interessierenden Fall bezogen: als einen Schritt, der vom abstrakt-allgemeinen Wissen, dass und wie der Rechtsforderung im Postulat öffentlichen Rechts zu folgen ist, dahin führt, dieses Wissen zu spezifizieren zu einem Wissen in den Urteilen, welche die menschenrechtlichen Ansprüche formulieren. Diese nämlich werden darin aus objektiven Gründen bestimmt als Urteile rechtlich-gesetzlicher, mit Ansprüchen an Andere verbundener Befugnis, der für alle übrigen Subjekte (mit möglicherweise kollidierender Willkür) rechtlich-gesetzliche Verpflichtungen entsprechen, die Ansprüche zu respektieren. Der Rückgang vom consequens aufs antecedens, wenn er verfahrenslogisch gerechtfertigt ist, sagt uns dabei, von *welcher Bestimmtheit* der zu entdeckende objektive, aber praktische Grund ist, aus dem das bereits vorliegende, abstrakte Wissen, wie der Imperativ im Postulat öffentlichen Rechts zu befolgen ist, diesem entsprechend sich spezifiziert in die uns interessierenden, der Befolgung des Postulats dienlichen, jeweiligen menschenrechtlichen Ansprüche – bzw. in die sie formulierenden Urteile; diejenigen Urteile nämlich, die wir zuvor schon, wenn auch noch nicht aus zureichenden Gründen, also nur antizipatorisch, zu bestimmenden gemacht haben.

C) Nach allen angestellten Erwägungen kann man nun endlich auch *Verfahrensregeln* für die Entdeckung formulieren, die im Hinblick auf erfolgreiche Anwendung des Kriteriums zu beachten sind, weil ihre Befolgung die als antecedens fungierenden vorläufigen Urteile zu bestimmenden macht und sie gemäß diesem Kriterium als wahr erkennen lässt, womit sie dann auch die uns interessierenden Urteile zureichend begründen. Diese Regeln sind, soweit sie Fälle der Spezifikation schon vorliegenden praktischen Wissens betreffen, hier noch eigens zu registrieren, auf ihren Sinn hin zu betrachten und zur Beurteilung der oben umrissenen Begründung menschenrechtlicher Ansprüche heranzuziehen.

1) Regel der *Voraussetzung*: Ausgehend von schon vorliegendem rechtlich-praktischem Wissen (z. B. dass und wie der im Postulat

öffentlichen Rechts liegenden Forderung zu folgen ist) müssen zunächst *in technisch-praktischer Reflexion* elementare notwendige Bedingungen für – in der Willensbestimmung und deren Ausführung – erfolgreiches Hinarbeiten aufs Objekt dieses Wissens ausgemacht werden. Mindestens einige von ihnen sind nicht im bereits vorliegenden praktischen Wissen analytisch enthalten. Sie müssen – sofern im Hinblick aufs gebotene Wissensobjekt technisch-praktisch hinreichend gerechtfertigt – als Voraussetzungen in die Reflexion auf genuin praktische Erkenntnis und in deren Urteile eingebracht werden.

Die Bedingungen relativieren alles Weitere auf einen spezifischen Horizont der gesuchten, genuin praktischen Erkenntnis. Worin sie in unserem Fall bei jedem Schritt der Wissensspezifikation bestehen und dass sie oben beachtet wurden, ist an den die menschenrechtlichen Ansprüche formulierenden Urteilen [siehe III 2. a)–g)] sowie an der darauf bezogenen Begründungs-Skizze [in IV B)] leicht festzustellen.

2) *Abstraktions*regel: Für Reflexion auf die *genuin praktische* Erkenntnis aber muss nun gerade abstrahiert werden von allen weiteren Besonderheiten technisch-praktischer Bedingungen, das in abstracto gewusste Objekt des besagten Wissens zu realisieren.

Nur so nämlich verbleibt das Wissen dieses Objekts in seiner Spezifikation bei sich selbst und hütet sich dadurch vor der naheliegenden Versuchung, sich in die Suche nach tiefer dringender technisch-praktischer und über sie nach pragmatischer Erkenntnis zu verlieren, sodass es darüber seine *eigenen Prinzipien* preisgibt. Das gilt sowohl im Hinblick auf weitere Schritte technisch-praktischer Überlegung als auch für deren Resultate: Sie alle werden für die genuin praktische Erkenntnis bei jeder anstehenden Spezifikation ihres Wissens nur relevant, soweit sie für den jeweiligen Spezifikationsschritt gebraucht werden, nicht aber in ihrer eigenen Dynamik. Sie begrenzen, kann man auch sagen, den Horizont der zu suchenden genuin praktischen Erkenntnis von außen. Ihre Berücksichtigung hat sich selbstverständlich im Rahmen des schon ausgemachten, abstrakten praktischen Wissens und seines Objekts zu halten.

Freilich mögen faktische Veränderungen am jeweils Vorausgesetzten auch zu einer Veränderung des Horizonts praktischer Erkenntnis führen. Nur ist eben für solche Erkenntnis auch von der faktischen Möglichkeit derartiger Veränderungen zunächst einmal zu abstrahieren. Was dafür künftige technisch-praktische und im

Gefolge davon pragmatische Überlegungen besagen werden, wird allenfalls spätere genuin praktische Erkenntnisse tangieren. Was hingegen an Ergebnissen derartiger Überlegungen oder auch an eindrücklichen Unrechtserfahrungen früher einmal für praktische Reflexion zur Kenntnis zu nehmen war, gehört zum *geschichtlichen Kontext*. Natürlich stehen auch die tatsächlich anzustellenden Reflexionen in diesem Kontext, wie auch im Kontext alltäglicher Lebenspragmatik, in welcher die früheren Erfahrungen mit theoretischen, technisch-praktischen, pragmatischen und praktischen Reflexionen, Reflexionsergebnissen und Urteilen ihren Niederschlag gefunden haben. Würde jedoch von diesem weitläufigen Zusammenhang in der aktuell anzustellenden genuin praktischen Reflexion nicht rigoros abstrahiert (solange nicht technisch-praktische oder pragmatische Urteile aus genuin praktischen Gründen ins fortschreitende praktische Wissen eigens einzubauen sind),[85] so könnte, auf unseren Fall bezogen, die Befolgung der Forderung im Postulat des öffentlichen Rechts nicht davor bewahrt werden, bei der unumgänglichen Spezifikation ihres Wissens Nebenabsichten zu bedienen, die auf das je eigene Wohl des Reflektierenden gerichtet sind. Nur die Abstinenz von aller über elementare Voraussetzungen hinausgehenden technisch-praktischen Reflexion (z. B. auf Mittel und Wege, das Objekt der Forderung zu realisieren) sowie von pragmatischer Reflexion bannt die Hauptendenz, welche die gesamte praktische Philosophie immer wieder korrumpiert hat: dass ihr die Grenzen zwischen technisch-praktischer, pragmatischer und genuin praktischer sowie juridisch- und ethisch-praktischer Erkenntnis verschwimmen und die Prinzipien der je eigenen Art von Erkenntnis verloren gehen. Es liegt auf der Hand, dass diese Gefahr besonders groß ist und die Abstraktion daher besonders weit gehen muss, wenn es um *erste Schritte* der Spezifikation des im Postulat des öffentlichen Rechts enthaltenen, unmittelbaren Wissens-wie und Objektwissens geht. Sogar vom Zielzustand sich durchsetzender distributiver Gerechtigkeit, auf welchen die Forderung in diesem Postulat gerichtet ist, muss für die Spezifikation selbst zunächst einmal abgesehen werden. Deshalb ist der Begriff einer Aufgabe, in deren

---

[85] – z. B., in unserem Fall, weil die innere Verbindung von Recht und Politik zum Thema zu machen ist. Im Kontext dieses Themas nämlich dürfen nicht nur, sondern müssen auch die nicht genuin praktischen Reflexionen an wohlbestimmtem Ort wieder ihren Platz finden.

88 *Spezielle Überlegungen zur Evaluation der Begründung*

Erfüllungskontext die Menschenrechte und deren Begründung stehen [vgl. oben II C)], beim Formulieren der menschenrechtlichen Ansprüche [III] und in der Skizze von deren Begründung [IV B)] nicht wieder aufgenommen worden. Auch sonst ist in den obigen Ausführungen zur Begründung der Menschenrechte der Abstraktionsregel Rechnung getragen worden.

Auch noch in zwei weiteren Hinsichten ist die Befolgung der Abstraktionsregel bedeutsam. Einerseits kommt mit der Veränderbarkeit dessen, was als Resultat technisch-praktischer Reflexion für die spezifizierende praktische Erkenntnis vorausgesetzt ist, in den Prozess genuin praktischer Erkenntnis bei deren allmählichem Fortschreiten auch ein *operatives* Element: Auf längere Sicht kann es durchaus sein, dass solche Erkenntnis ihre Ergebnisse *justieren* muss aus Anlass von Veränderungen im Bereich ihrer technisch-praktischen Voraussetzungen und infolge damit einhergehender Verschiebungen des Horizonts praktischer Erkenntnis. Darauf wird unten eine letzte Regel bezogen sein. Der jeweils aktuellen praktischen Erkenntnis tut das jedoch keinen Eintrag. Andererseits aber liefert die geforderte Abstraktion, gerade weil sie einen ausschließlich *erkenntnismethodischen Sinn* hat, für das hier zu erwägende Kriterium im Hinblick auf seine Leistung einen kaum hoch genug einzuschätzenden Gewinn: Während das Pendant des Kriteriums im theoretischen Erkenntnisbereich keine Gewissheit verspricht – ja, solcher Erkenntnis die Gewissheit gemäß der Logik ihrer Entdeckungen in deren Prozess immer wieder verloren geht, somit fürs neu Entdeckte in der Regel erst allmählich mühsam erlangt werden muss – und während davon auch die Sicherheit technisch-praktischer Erkenntnis tangiert ist, pragmatische Erkenntnisse aber sogar grundsätzlich anderer als bloß durch Gewohnheit[86] gestützter Sicherheit ermangeln, bleibt dem rechtlich-praktischen Wissen, das im Postulat des öffentlichen Rechts enthalten ist, auch bei seiner Spezifikation die *Gewissheit erhalten*. Das zeigt sich, wenn man auf die fürs Zustandekommen der Spezifikation entscheidende Regel reflektiert.

3) Für die Spezifikation praktischen Wissens *konstitutive Regel*: Zur genuin praktischen Erkenntnis durch Spezifikation bereits vorliegenden praktischen Wissens solltest Du nicht von dessen Zielsetzung aus auf Mittel und Wege reflektieren, das Ziel zu erreichen.

---

[86] – gemäß § 4 von ›Das Kölsche Grundgesetz‹: »Et hät noch immer jot jegange«.

Spezielle Überlegungen zur Evaluation der Begründung 89

Unter der gemäß Regel 1) und 2) behandelten Voraussetzung solltest Du vielmehr die Imperative und sonstigen, der praktischen Erkenntnis gemäßen Forderungen, welche in dem auf dieses Ziel gerichteten, bereits erlangten praktischen Wissen schon enthalten sind, zum Ausgang einer Reflexion auf unmittelbar dadurch gewiss Erlaubtes und Gebotenes in Gegensatz zu Verbotenem nehmen. Sobald dabei vorläufige, für eine Wissens-Spezifikation in Frage kommende Urteile gebildet sind, solltest Du erst einmal überlegen, was (unter der zur Voraussetzung gemachten, technisch-praktischen Bedingung) die genuin praktischen Forderungen von Dir verlangen, Dir aber auch erlauben. Solchen Forderungen und Erlaubnisspielräumen entsprechend solltest Du genuin praktische Feststellungen bezüglich des Tunlichen treffen. Von ihnen und den für sie entscheidend gewordenen Forderungen aus hast Du dann aber auch zurückzuschließen auf *spezielle* praktische, obligatorische oder erlaubende *Gesetze*, in denen die Feststellungen *objektiv* begründet sind, sowie auf eine praktisch mögliche, bestimmte Gesetz*gebung*, welche diese Gesetze wirksam verbindlich macht.

Die Regel ist in ihrem Sinn evident, aber auch unverzichtbar. Denn vor allem ihrer Befolgung verdankt das Kriterium seine Wahrheit verbürgende Kraft. Wenn Urteile die Wahrheit eines genuin praktischen, aber speziellen, zunächst vorläufigen, dann durch die erwähnte Feststellung bestimmend gemachten Urteils zureichend begründen, können sie dies ja nur dadurch leisten, dass sie Urteile über *objektive* Gründe für die anderen Urteile sind. Solche Gründe hingegen sind im Bereich genuin praktischer Erkenntnis nur praktische *Gesetze* einer möglichen Gesetzgebung bzw. die diese Gesetze statuierenden, schlechthin allgemeinen Urteile. Im Fall der Spezifikation von praktischem Objekt-Wissen aber sind sie Gesetze (bzw. diese statuierende Urteile), welche den Willen unter einer als erfüllt vorausgesetzten, technisch-praktisch zu erkennenden Bedingung normieren. Es kommt also für die Wissens-Spezifikation darauf an, durch die Regel und ihre Befolgung sicherzustellen sowie anhand davon deutlich zu machen, dass in der Tat die speziellen gesetzlichen sowie wirksamen Gründe vorliegen, welche die zu begründenden Urteile (d. h. die consequentia) begründeterweise und mit Gewissheit zu Willens- und Objekt-bestimmenden Urteilen machen. Falls das jedoch in Befolgung der kriteriellen Regeln, insbesondere aber der konstitutiven Regel gelingt, kann man nicht umhin, den begründenden Urteilen (als jeweiligen Antezedentien zu den consequentia) erkennbare Wahrheit (und entsprechendes Gutsein) zuzusprechen.

Die obige, direkte Argumentation zugunsten des zentralen vorläufigen Urteils über menschenrechtliche Ansprüche [vgl. IV B)] hat zwar nicht besonders deutlich gemacht, dass in ihr auch dieser Regel entsprechend verfahren wurde. Ohne Zweifel aber enthielt sie das Potential zu solcher Verdeutlichung. Ihr Mangel an Deutlichkeit wäre ohne Widerspruch zum Gesagten behebbar gewesen, und eine Beseitigung dieses Mangels hätte sie den Anforderungen an ein positives Ergebnis der Anwendung des einschlägigen Wahrheitskriteriums gerecht werden lassen. Ergänzend zum dort Gesagten wäre nur ausdrücklich zu machen gewesen, dass genaugenommen *zwei Überlegungsschritte* zu vollziehen sind und der *erste* von ihnen komplexer ist, als oben unterstellt wurde. – In diesem Schritt nämlich geht es darum, vorläufige praktische Urteile durch Reflexion auf für sie verbindliche und relevante praktische Forderungen möglichst direkt (in entsprechenden »Feststellungen«) zu bestimmenden zu machen. Dazu verhilft aber im Fall unseres zentralen vorläufigen Urteils nicht allein die (unter der benannten Voraussetzung stattfindende) Reflexion auf kommutative Gerechtigkeit. Zusätzlich zu ihr ist auch die Reflexion auf andere Rechtsforderungen unerlässlich: die der schützenden Gerechtigkeit in Bezug auf Recht, das schon im Wissen des Postulats öffentlichen Rechts als vorliegend gedacht ist, sowie die Imperative der drei Ulpianischen Rechtsregeln. Weil es um inhaltliche Bestimmung und Erfüllung einer Forderung kommutativer Gerechtigkeit geht, führt der Gedanke einer Kompensation des aufzugebenden uneingeschränkten Rechts, individuell Rechtszwang auszuüben, zwar zunächst einmal unmittelbar zur Feststellung, welche unser zentrales vorläufiges Urteil zu einem bestimmenden macht. So löst sich das Spannungsverhältnis, welches zwischen dem unmittelbaren Wissen des Rechts der Menschen und dem Wissen im als vorrangig erkannten Postulat öffentlichen Rechts besteht. Aber die das vorläufige zum bestimmenden Urteil machende Feststellung ist dabei eingebettet zu denken in jene anderen, längst gewussten Rechtspflichten und Gerechtigkeitserfordernisse, die schon in der Forderung des Postulats öffentlichen Rechts selber enthalten sind.

Für den *zweiten* Schritt, der hierauf noch zu folgen hat, wird in Reflexion auf diese Einbettung außer dem gerechten Schutz schon gewussten Rechts und der Pflicht, (gemäß der ersten Ulpianischen Regel) ein rechtlicher Mensch zu sein, vor allem die dritte Regel

Spezielle Überlegungen zur Evaluation der Begründung 91

Ulpians wichtig. Denn sie belehrt mich, dass ich einen rechtlichen Anspruch wie den in unserem zentralen vorläufigen Urteil gedachten *nicht nur mir* schuldig bin, sondern ihn auch jedem anderen (dessen Willkürspielraum sich mit dem meinen überschneidet) zubilligen muss – als einen Anspruch, der zum je Seinigen gehört, das ich *jedem* einzuräumen habe. Erst damit nämlich wird der zweite Schritt möglich und erforderlich. Reflexionen auf Gerechtigkeitsforderungen sind bereits für die vorphilosophische, »gemeine sittliche Vernunfterkenntnis« (die in unserem Fall freilich eine des Rechts zu sein hat) vorzüglich geeignet, ohne Besinnung auf spezielle praktische Gesetze – insofern also unmittelbar – festzustellen, was unter einer bestimmten, vorliegenden Bedingung zu tun und zu unterlassen geboten oder aber erlaubt ist. Das suggeriert zunächst, für eine Begründung menschenrechtlicher Ansprüche (wie der im zentralen der uns interessierenden Urteile formulierten) sei damit schon genug getan. Genau genommen aber sind ohne Erkenntnis dieser Gesetze jene aufgrund der Feststellung bestimmend gemachten Urteile bloß anticipationes, mag es auch die gemeine sittliche Vernunfterkenntnis in Rechtssachen oftmals berechtigtermaßen dabei belassen. Deshalb wurden gegen diese Suggestion in der obigen Argumentationsskizze auch keine Vorkehrungen getroffen. Doch jede aufs Grundsätzliche ausgehende Überlegung darf nicht unterlassen, nach den *speziellen Gesetzen* zu fragen, unter denen sich das unmittelbar in Gerechtigkeitserwägungen Festgestellte *rechtens* ergibt und zu deren Erkenntnis – als einer Erkenntnis aus Begriffen – die Antizipationen uns zuvor schon aussichtsreiche Chancen eröffnen. Die Philosophie aber muss uns zusätzlich hierzu auch über den *Erkenntnisgrund* aufklären, aus dem wir die betreffenden Gesetze als Gesetze zu affirmieren und verbindlich werden zu lassen haben.[87] Darum geht es beim zweiten Reflexions-Schritt, der oben besonders im Unklaren gelassen wurde.

Wer in seiner praktischen Reflexion auf bereits gewusste, genuin praktische Imperative und Gerechtigkeitsforderungen den unumgänglichen, keine Ausnahme einräumenden All-Satz feststellt, welcher [vgl. IV B)] das zentrale hier interessierende, vorläufige Urteil

---

[87] Die Sache noch etwas genauer betrachtend, könnte man wahrscheinlich sogar zeigen, dass die betreffenden, speziellen Gesetze durch ihre Wirksamkeit in unserem Fall als *stellvertretend* für die ganze, also auch distributive, Gerechtigkeit erkannt werden.

über einen solchen für Menschenrechte konstitutiven Anspruch betrifft, der kann in einer praktischen Vernunfterkenntnis, die auf Gründe für dieses Urteil zurückgeht, nicht umhin, den Schluss zuzulassen, dass praktische Urteile wie das bereits bestimmend gemachte, zentrale derjenigen, die hier interessieren, *unter speziellen Rechtsgesetzen* stehen müssen. Die aber können nur in einem *Erlaubnis*gesetz für jeden als Inhaber des im jeweiligen jener Urteile formulierten Anspruchs bestehen sowie in einem dessen Inhalt berücksichtigenden *obligatorischen* Gesetz für jeweils alle übrigen, deren Willkür damit kollidieren kann: dem Gesetz, dass jeder jenem gesetzlichen Anspruch, ihn respektierend, allemal zu entsprechen hat. Dabei ist auch keine Frage, dass diesen Gesetzen unter der hinzukommenden (wem immer zustehenden) rechtlichen Befugnis, das aufgrund des Erlaubnisgesetzes Beanspruchte notfalls zu erzwingen, eine gewisse praktische Wirksamkeit, also *gesetzgebende* Kraft zukommt, sodass die sich aus ihnen ergebenden gesetzlichen Forderungen Verbindlichkeit haben, wenngleich diese Verbindlichkeit ohne hinzukommende Positivierung der Gesetze für deren wirksame Geltung noch nicht zureichen mag. Die meisten Menschen haben das praktische Interesse an einer Gerechtigkeit, die als iustitia tutatrix bereits bestehendes Recht schützt und als iustitia commutativa gebotenen Rechtsverzicht rechtsgesetzlich kompensiert; und sie haben dies insbesondere angesichts eines an alle ergehenden, kategorischen Rechtsgebots, das mit Vorrang vor allen anderen Rechtsforderungen zu erfüllen ist, weil einzig unter ihm die Selbstzerstörung allen ursprünglichen Rechts aufgehalten werden kann; nicht zuletzt aber haben sie das Interesse angesichts der Tatsache, dass für die Befolgung des vorrangig zu erfüllenden Rechtgebots die technisch-praktisch notwendigen Bedingungen jederzeit erfüllt sind, während darüber hinaus aber auch eine rechtliche Befugnis besteht, die Befolgung über zunehmend umfangreichere Koordination von rechtlich entscheidenden Willkürvermögen zwingend zu machen. Was könnte allzu viele Menschen daran hindern, dieses Interesse auch je nach eigenem Vermögen in geeigneter Weise und rechtlicher Form wahrzunehmen, wenn sie über die Folgen seiner Vernachlässigung durch bittere Erfahrungen belehrt und über die ihnen rechtlich zustehende Form seiner Wahrnehmung hinlänglich aufgeklärt sind? Sollte ihnen die Auffassung, dass die Wahrnehmung dieses Interesses auch ohne ihr Zutun erfolgt, hin und wieder allzu selbstverständlich werden, so wird erneute üble Erfahrung sie nach und nach allemal

Spezielle Überlegungen zur Evaluation der Begründung 93

auch eines Besseren belehren. Um eine bloß idealische, hinsichtlich der Wirkung illusionäre Forderung handelt es sich beim Postulat des öffentlichen Rechts und bei Spezifikation sich aus ihm ergebender Rechtsforderungen jedenfalls nicht.

All dies einzusehen war im Rahmen des bereits gesicherten, zum Postulat öffentlichen Rechts gehörenden Wissens nicht schwer und ist von der oben [IV B)] skizzierten Begründung unter der Hand einsichtig gemacht worden. Denn zum einen liegt es schon im Begriff der Gerechtigkeit (d.h. »*Ge-Recht-ig-keit*«), dass eine dieser gemäße Forderung nicht *nur* einen subjektiven Anspruch einräumt, hinter dem gar kein wirksam gesetzliches und damit objektives, verbindliches Recht steht. Vielmehr muss das eingeräumte subjektive Recht als ein gerechterweise zukommendes begründet sein in objektivem Recht und seinen Gesetzen, die auch mit einem Mechanismus ihrer Wirksamkeit verbunden sind – und zwar in einem für die spezielle Voraussetzung zuständigen, also speziellen objektiven Recht. – Zum anderen aber wäre – unter vorläufiger Abstraktion von distributiver Gerechtigkeit und ihren Forderungen – nur das »suum *cuique* tribue!« der dritten Ulpianischen Regel klarer, als es geschehen ist, hinzuzuziehen gewesen; dann wäre deutlich geworden, dass jeder durch diesen Rechtsimperativ Verpflichtete unter der speziellen Voraussetzung, von welcher aus sich vorhandenes praktisches Wissen besondert, einen Anspruch, den er sich selbst als subjektives Recht zuerkennt, auch *jedem* anderen zuerkennen muss, für den die Voraussetzung ebenfalls besteht – und dass das für *alle* Fälle gilt, auf welche die Voraussetzung zutrifft, sodass darüber praktische, unter der Voraussetzung schlechthin allgemeine, mithin Gesetze ausdrückende Urteile vorliegen. Deren Gehalt begründet letztlich jenen Anspruch, welcher oben im zentralen vorläufigen Urteil formuliert wurde.

Entsprechende Erwägungen, die bestätigen, dass die konstitutive Regel beachtet wurde, wären zu den weiteren menschenrechtlichen Ansprüchen und ihrer oben skizzierten Begründung anzustellen. Dass sie zu einem gleichartigen Ergebnis führen, also die skizzierte Argumentation (anhand des einschlägigen Wahrheitskriteriums) ergänzen, aber im Kern ebenfalls bestätigen würden, steht somit außer Frage. Maßgeblich in diesem Zusammenhang sind jedoch noch zwei weitere Regeln:

4) *Wiederholungs*regel: Für weitere Schritte der Wissens-Spezifikation müssen die Regeln 1)–3) erneut befolgt, muss also eine

andere Voraussetzung gemacht und technisch-praktisch gesichert werden. Aber das kann selbstverständlich auch so geschehen, dass das Ergebnis vorhergehender Schritte der Spezifikation mit neuer technisch-praktischer Feststellung zur Voraussetzung des neuen Schritts gemacht wird.

5) *Revisions*regel: Bei jeder erneuten Befolgung der Regeln 1)–3) ist auch zu überlegen, ob die in vorhergehenden Regelbefolgungs-Schritten ermittelten consequentia und ihre Antezedentien nicht im Licht der neuen praktischen Erkenntnisse oder technisch-praktischen Feststellungen revidiert und mit Klauseln versehen werden müssen, um einen widerspruchsfreien Zusammenhang unter allen involvierten Voraussetzungen und genuin praktischen Sätzen herzustellen.

Der Sinn beider Regeln liegt auf der Hand. Der ersten von ihnen wurde in der obigen Begründungs-Skizze stillschweigend Rechnung getragen. Dies ausdrücklich zu tun wäre pedantisch, aber leicht möglich. Der letzten der genannten Regeln zu folgen wäre vor allem eine cura posterior für weitere Schritte der Befolgung aller übrigen Regeln. Unter den oben [III 2.] bezeichneten menschenrechtlichen Ansprüchen wurde [in 2. a)+b)] der erste, zentrale bereits mit einer in Parenthese gesetzten Klausel versehen, in welcher die Befolgung von Regel 5) vorweggenommen ist.

D) Grosso modo kann man somit sagen: Unsere zuletzt anhand der genannten Verfahrensregeln vorgenommene Evaluation hat die oben skizzierte Argumentation unter Hinzunahme der nachgetragenen Verbesserungen als stichhaltig erwiesen und nun auch den Erkenntnis-Charakter jener uns interessierenden Urteile bestätigt, welche die menschenrechtlichen Ansprüche formulieren. Die kleinen Ergänzungen dazu, die erst hier vorgenommen worden sind, wurden nur nicht schon oben eingetragen, um eine inhaltlich, wie mir scheint, einleuchtende Begründung von zu viel Förmlichkeit freizuhalten. Deutlich geworden sein dürfte auch, dass jeweils die konstitutive Regel – wenngleich zusammen mit Befolgung der anderen Regeln – allen sie Befolgenden den *Erkenntnisgrund* für die Spezifikation schon vorliegenden, allgemeinen praktischen Wissens liefert und dass dieser Erkenntnisgrund seinerseits einen in speziellen Rechtsgesetzen bestehenden, *objektiven Seinsgrund* für jene subjektiven Rechte zu erkennen gibt, welche in den uns interessierenden – menschenrechtliche Ansprüche statuierenden – Urteilen formuliert sind. Da diese Gesetze, wenn auch als solche einer möglichen äußeren Gesetzgebung, allemal Gesetze der sich selbst ihr Gesetz gebenden, also *autonomen* praktischen Vernunft – und insofern »Gesetze der Freiheit« – sind, führt der Erkenntnisgrund also jeweils zurück in den einen Seinsgrund alles genuin Praktischen, welcher die menschliche, so verstandene *Freiheit* ist. Die Freiheit aber ist in diesem Rückgang und durch ihn als Freiheit im äußeren Gebrauch *bestimmt* und ist in jedem Vernunftsubjekt wohl *abgestimmt auf* entsprechende Freiheit der anderen. Sie hält sich dabei im Rahmen aller rechtlich relevanten Kategorien der Freiheit und ist in ihrer Bestimmtheit bereits ausgerichtet auf Optimierung der Gerechtigkeit, ohne dass hier eine Gemeinschaft unter Menschen vorausgesetzt werden müsste. Letztlich in diesem Sinn gilt daher, dass die Menschenrechte nicht nur nicht vom Staat kommen, sondern überhaupt nicht von irgendeiner zwischenmenschlichen Gemeinschaft, die im Übrigen ja ohnehin nur eine begrenzte sein könnte. – Der Seinsgrund für menschenrechtliche Ansprüche, welcher in der menschlichen, rechtlich bestimmten Freiheit besteht, ist kein individualistischer »Wert«; aber er ist jedem erkennbar, der sich seines eigenen Verstandes- und Vernunftvermögens zu bedienen weiß. Was soll da die gedankenlos relativierende Rede von einer bloß kulturellen Präferenz für individualistische Werte im »westlichen« Menschenrechtsverständnis, dem man ein angeblich besseres, Gemeinschaftswerte bevorzugendes Verständnis entgegensetzen müsse? Wer Menschenrechte so leicht ihrer Substanz berauben zu dürfen meint, der sollte sich, bevor er die Beraubung vornimmt, erst einmal mit der hier – endlich vollständig – vorgetragenen Begründung dieser Rechte auseinandersetzen.

Von den aufgeführten fünf Verfahrensregeln wird übrigens nicht behauptet, ihre Liste sei für alle Fälle möglicher Spezifikation praktischen Wissens vollständig und erlaube daher bei jeder solchen Spezifikation eine verlässliche Leistung des einschlägigen Wahrheitskriteriums. Für Spezifikationen von Wissen so hohen Abstraktionsgrades wie des im uns interessierenden Fall vorliegenden dürften jedoch die aufgelisteten Regeln ausreichen.

E) Für das Verfahren, das die Regeln vorschreiben, empfiehlt sich – in Kontrastierung zu demjenigen der »Abduktion« – der Name *Epistrophé*. Denn nicht nur »weggeführt« (und »herabgezogen«) wird darin von gegebener Wahrheit (der Tatsachen) auf einen zunächst bloß möglichen Erklärungsgrund. Vielmehr wird beim Befolgen des Verfahrens (von objektgerichteten subjektiven Willenseinstellungen aus) *umgekehrt*, ja sogar *zurück*gekehrt, also *wieder eingegangen*, ins praktische Vernunftvermögen selbst, sodass der das Verfahren Betätigende darin beim (näheren) Bestimmen seines praktischen Objekts zu sich selbst kommt und so zugleich *sich – in* seinem praktischen Objekt, dessen Gehalt sich aufschließend und darin *verbleibend – selbst* gegenwärtig ist. Man hat es beim Ergebnis des Rückgangs in den Seinsgrund also nicht nur mit einem subjektiven Sich-Wissen oder seiner selbst Gewiss-sein in einem erhöhten Grad von Selbstkontrolle des Subjekts praktischer Wissensbestimmung zu tun, sondern zusätzlich auch mit dessen sich verstärkendem und verstärktem *Beisichsein im Objekt*.[88] – Die Epistrophé, kann man auch sagen, ist zugleich »Anastrophé«, welche das Erkennen sich wieder hinauf begeben lässt in seinen dadurch objektiv bestimmten und dennoch subjektiven Ursprung, während die Abduktion das theoretische Erkennen immer weiter von seinem subjektiven Ausgangspunkt, der freilich kein Ursprung war, abbringt. Zugleich aber findet bei solcher Rückkehr rechtlich-praktischen Wissens in dessen Seinsgrund *keine* »Erschleichung« (d. h. *Subreption*) praktisch objektiver Realität bei eigentlich bloß subjektiv vorgestellten, hypostatisch gedachten Begriffsinhalten statt. Das Verfahren ist also durchaus nicht dogmatisch und doch – nach einer erfolgreichen ›Kritik der praktischen Vernunft‹ – skeptischen Einwänden gewachsen. Es bewegt sich »kritisch« zwischen den beiden Extremen des Dogmatismus und Skeptizismus, indem es sie beide vermeidet. Seine Beschreibung macht uns für den Bereich sich spezifizierenden praktischen Wissens deutlich, »wie … etwas aus etwas anderm, aber nicht nach der Regel der Identität, fließe«. Es liefert also für eine besondere Art von Erkenntnis genau das, was schon 1763 der junge Kant sich hätte »gerne … deutlich machen lassen.«[89]

Zweifellos wäre das Verfahren der Epistrophé noch zu präzisieren – insbesondere hinsichtlich des »holistischen« Zugs, der durch die letzte der genannten Regeln in mehrfache Spezifikationen kommt. Doch um in der Evaluation der oben skizzierten Be-

---

[88] Wer mit Hegel vertraut ist, wird erkennen, dass hier Grundzüge dessen zum Vorschein kommen, was ihm zufolge den freien Geist in seinem Fortgang zum objektiven Geist ausmacht. Um tiefer in diese Sachzusammenhänge und sich darin abzeichnenden Fragen einzudringen, muss man Kant mit Hegel, aber auch Hegel mit Kant weiterdenken.
[89] AA II, 202.

Spezielle Überlegungen zur Evaluation der Begründung 97

gründung von Menschenrechten (nach den daran nun bezeichneten, geringfügigen Verbesserungen) zu einem eindeutigen Ergebnis zu kommen, scheint mir das Dargelegte ausreichend. Alles an ihm spricht dafür, dass die Anwendung der einschlägigen Wahrheitskriterien zu einem positiven Resultat kommt – sowohl für die uns interessierenden als auch für die sie begründenden Urteile. Die Rechtsgesetze statuierenden Urteile, welche zur Begründung der uns interessierenden Urteile herangezogen wurden, sind demnach wahr und haben dem wichtigsten der Kriterien zufolge selber einen zureichenden Grund, der ihnen Erkenntnisstatus verschafft. Für die von ihnen aus zu begründenden, uns eigentlich interessierenden Urteile aber geben sie, ohne ihren Beweis zu liefern, einen objektiv zureichenden Grund zu erkennen, welcher überdies dem sich in ihnen spezifizierenden, abstrakten Wissen, wie die Forderung im Postulat des öffentlichen Rechts zu befolgen ist, im Spezifikationsergebnis die *Gewissheit* erhält. Der Grund verstärkt ja diese Gewissheit sogar durch die Vernetzung objektiver Gründe und die Verbindung ihrer Folgen mit dem common sense. Dabei ist jedoch Wahrheit für den Inhalt dieser Erkenntnisgewissheit nicht, wie im Fall der Abduktion, erst »in the long run« zu erwarten, sondern – wenn auch begrenzt durch den gegebenen Erkenntnishorizont – schon in jedem Spezifikationsschritt, der den Regeln gemäß ist.

Im Unterschied zu theoretischer, nach Abduktionsregeln zu erlangender Erkenntnis bleibt die Spezifikation praktischen Wissens, wenn sie regelgemäß erfolgt und damit dem zuletzt genannten Wahrheitskriterium genügt, auch eine *Vernunfterkenntnis aus Begriffen* und damit spezifisch *philosophische* Erkenntnis.[90] Es wird mit ihr

[90] Ein vollständiger Vergleich zwischen Abduktion und dem hier »Epistrophé« genannten Verfahren sich spezifizierenden praktischen Wissens hätte mich beim Verfolgen meiner Absicht behindert, die für Menschenrechte skizzierte Begründung zu evaluieren und notfalls zu verbessern. Es darf aber nicht unbeachtet bleiben, dass die beiden Verfahren außer den angedeuteten, grundsätzlichen Gemeinsamkeiten und vielen Unterschieden, die ohnehin das Praktische vom Theoretischen abheben, auch diametral einander entgegengesetzte Züge aufweisen. Der krasse Unterschied hinsichtlich der Erkenntnisgewissheit ist im Grunde nur eine Folge und Facette der in den Benennungen beider Verfahren zum Ausdruck kommenden Hauptgegensatzes. Dasselbe gilt für den Unterschied, dass zwar das praktische Wissen, wenn es sich in der angegebenen Weise spezifiziert, eine *Vernunfterkenntnis aus Begriffen* bleibt, nicht aber die rationale theoretische Erkenntnis, wenn sie zur Abduktion übergeht. Nicht verwundern darf unter diesen Umstän-

ja nur aus Begriffen eines bereits erlangten praktischen Wissens in dessen Seinsgrund schlüssig (also im Betätigen der Vernunft) erkennend zurückgegangen, wobei sich aber der Seinsgrund – die Freiheit – durch den Rückgang näher bestimmt und damit selber zum Erkenntnisgrund wird für ein spezielleres praktisches Wissen im Rahmen und Betätigen jenes allgemeinen Wissens. So entwirft die Vernunft, praktisch erkennend, zuerst das Allgemeine und bestimmt das Besondere in ihm. Im Unterschied zur Abduktion aber *entwirft* sie das Allgemeine nicht nur, sondern erkennt es alsbald auch, bedarf also nicht eines aufs Entwerfen folgenden, langwierigen Zusammenspiels von Induktion und Deduktionen, um die fürs genuin Praktische relevante Wahrheit des Entwurfsergebnisses auszumachen. So viel Potential, Menschenrechte zu begründen sowie die Begründung zu evaluieren und als für praktische Erkenntnis zureichend zu erkennen, enthält die Kantische Philosophie, enthält aber bis heute meines Wissens nur sie!

Allerdings mag man sich fragen, ob die spezielle praktische Erkenntnis, mit der man es dabei zu tun hat, noch in den Bereich der *Anfangsgründe* philosophischer Rechtslehre einer *Metaphysik* der Sitten gehört. Wahrscheinlich ist die Frage für die Anfangsgründe einer solchen Metaphysik zu verneinen. Doch um dies mit guten Gründen zu entscheiden, wären erst einmal Kants ›Metaphysische Anfangsgründe der Rechtslehre‹ insgesamt auf ihr Erkenntnisverfahren hin zu untersuchen und mit diesem Verfahren dasjenige der für Erkenntnis von Menschenrechten erforderlichen Wissensspezifikation zu vergleichen. Das kann hier nicht mehr geschehen, zumal dabei auch übers Konzept einer »moralischen Anthropologie« nachzudenken wäre, welche Kant als das »Gegenstück einer Metaphysik der Sitten« betrachtete und als das »andere Glied der prak-

---

den auch, dass sich die Regeln beider Verfahren weit voneinander entfernen. Die Epistrophé ist eben durch und durch, weil auch in ihren technisch-praktischen Einschüben, Vernunftbetätigung, während das Abduktionsverfahren, auch nach Peirce's Auffassung, nur ein Element von Vernünftigkeit und Peirce'scher »Drittheit« enthält. Hingegen ist, wie man sieht, ein Kantisch sich spezifizierendes praktisches Wissen, als Epistrophé verstanden, dem in Hegels spekulativer Erkenntnis begriffenen Praktischen als einem zu seiner Objektivität fortbestimmten »freien Geist« engstens verwandt. Worin sie sich gleichwohl davon auch unterscheidet, und aus welchen Gründen – das könnte nur in einem viel umfangreicheren Erkenntnishorizont als dem hier zur Diskussion stehenden ausgemacht werden.

tischen Philosophie überhaupt« bezeichnete.[91] Denn dieses Gegenstück zu den metaphysischen Anfangsgründen wurde von Kant so charakterisiert, dass man die hier interessierende Wissensspezifikation schwerlich als dazu gehörig wird verstehen können. Eher wird das philosophische, in praktischer Vernunfterkenntnis aus Begriffen zustande kommende und auf »lauter Prinzipien a priori beruhende« Naturrecht[92] noch einer anderen Disziplin bedürfen als derjenigen bloßer »Anfangsgründe« einer Metaphysik der Sitten, nämlich derjenigen einer über Anfangsgründe hinausgehenden philosophischen Rechtslehre – mag diese nun im Kantischen Sinn noch Metaphysik praktischer Vernunfterkenntnis sein oder etwas anderes. – Solche Ergänzung legt sich auch noch aus einem anderen Grund nahe, von welchem im Folgenden die Rede sein soll.

---

[91] AA VI, 217,2.
[92] AA VI, 237,3.

VI.
Grundsätzliches zur Positivierung der Menschenrechte im Ausgang von rechtlich bestimmter Menschenwürde

A) Angesichts des ganzen Übergangs von nicht-rechtlichem Zustand unter Menschen in einen rechtlichen kann man nun glaubwürdig behaupten: Menschenrechte sind nach ihrer philosophischen Begriffsbestimmung vor allem *Ansprüche*, die *jeder* Mensch als Mensch unter gesetzlich bestimmten Voraussetzungen an jeweils andere Menschen[93] auf spezifische Leistungen seitens dieser anderen hat. Ohne ihre Respektierung von Seiten dieser anderen sowie Geltendmachung durch die Anspruchs-Inhaber oder dazu eigens befugte Dritte wird das kategorische Rechtsgebot, das für alle Rechtsdurchsetzung vorrangig und sogar vor allen sonstigen Verpflichtungen auf äußeres Handeln oder Unterlassen zu befolgen ist, weder voll befolgt noch erfolgreich wirksam[94]. Menschenrechte sind ferner Ansprüche, ohne deren Durchsetzung dem »suum cuique tribuere« der dritten Ulpianischen Rechtsregel nicht durchgängige Wirklichkeit zuteil wird – nicht erst unter Voraussetzung und innerhalb vereinzelter Staaten, sondern auch schon bei deren Bildung, ja, sogar vor dieser sowie in Abstraktion von allen »Gemeinwesen« und unterhalb der Schwelle der Wirksamkeit staatlicher Gewalt; dann allerdings auch in Staaten und als Ansprüche an diese bzw. an die darin für die Durchsetzung der Ansprüche zuständigen Organe. Darüber hinaus aber verlangen die Ansprüche Respektierung in zwischenstaatlichen politischen,

---

[93] – nämlich an *Personen* im Sinn des Personbegriffs einer philosophia practica universalis und des Näheren im Sinn einer *rechtlich* verpflichteten Person (vgl. die *Metaphysik der Sitten*, AA VI, 223,3; 239,1 f.).
[94] – die Aufforderung nämlich, aus dem nicht-rechtlichen Zustand unter Menschen in einen rechtlichen überzugehen.

aber auch privaten Beziehungen, und das nicht zuletzt auch dank der
Aktivität von Staatsgrenzen überschreitenden privaten Institutionen; schließlich hingegen müssen sie sich bewähren im Prozess einer
Rechtsentwicklung, die solchen Beziehungen sowie innerstaatlichen
Verhältnissen gilt, aber Staaten übergreifend wirksam wird – bis hin
zum Aufbau eines global einheitlichen, kosmopolitischen Rechts,
das natürliche Personen als staatenlose Menschen haben sowie Menschen, die jenseits des Wirkungsbereichs vom Recht ihres Heimatstaats leben. – Die Inhalte einzelner Menschenrechte sowie Gruppen
von Menschenrechten und erst recht deren Systematik ergeben sich
somit letztlich in diesem umfassenden Entwicklungszusammenhang
des gesamten privaten Rechts mit dem öffentlichen, wobei dieser
Zusammenhang am Übergang zum öffentlichen Recht überhaupt
beginnt und erst beim Weltbürgerrecht endet. Verglichen mit diesem
großen Sachkomplex muten Auflistungen von Menschenrechten in
vorwiegend politisch motivierten Deklarationen und Grundrechte-Katalogen einzelner Staatsverfassungen freilich oftmals eher engherzig und zuweilen sogar verworren an. Doch das bietet keinen Anlass
zu Verwunderung. Es sollte Anstoß sein, sich einiger elementarer
Unterschiede zu vergewissern, die in philosophischer Reflexion über
Menschenrechte nicht aus den Augen geraten dürfen.

Rechte irgendwelcher Individuen, d. h. deren *berechtigte* Ansprüche oder »subjektive« Rechte, können nicht nur Forderungen
sein, die *von* einzelnen oder *für* einzelne faktisch erhoben werden
oder auch nur erhoben werden mögen, weil es in wem auch immer
ein Vermögen dazu gibt. Sie müssen vielmehr mit allem für sie Relevanten unter *objektiven Normen* stehen und diesen Normen entsprechen – den Normen *des Rechten* im weitesten Sinn, speziell aber
des *juridisch* Rechten. Als solche müssen diese Normen und mit
ihnen die entsprechenden subjektiven Rechte sich in einer genuin
praktischen Erkenntnisperspektive nicht nur auszeichnen als zum
moralisch Guten überhaupt gehörig im Gegensatz zu bloß irgendwie praktisch Richtigem, also gegenüber dem, was z. B. hinsichtlich
technisch zu verwirklichender, als ein Funktionsganzes bestehender
oder menschliches Wohl versprechender Zwecke »richtig« sein mag.
Vielmehr müssen sie sich innerhalb des Guten auch abheben vom
Moralischen überhaupt, das den Grund und das Prinzip alles Guten
ausmacht. Des Näheren müssen sie sich jedoch außerdem von jenem Moralischen abheben, welches als das *ethisch* Gute bestimmt ist
und sich dafür qualifiziert durch gute Gesinnung, ihr entsprechende

Motive und in ihnen enthaltene, ethisch gute subjektive Zwecke. Nur in Abgrenzung von diesen Bereichen gehören die prinzipiellen menschenrechtlichen Ansprüche zum *strikten Recht*, dem »nichts Ethisches beigemischt ist«.[95] Sie als ethische Forderungen oder als begründet im Inhalt solcher Forderungen oder Ansprüche zu denken, wie das bis heute allzu oft geschieht, führt in die Irre, weil damit die Grenzen zwischen dem Ethischen und dem Juridischen verschwimmen und deren je eigene, konstitutive Prinzipien korrumpiert werden, wenn sie nicht sogar gänzlich verborgen bleiben unterm Bann einer älteren Tradition des Naturrechts, die noch keinen von allem Ethischen unabhängigen Rechtsbegriff besitzt. Wer sich vor diesen Irrtümern mit der einzig von Kant gebotenen Hilfe hütet, kann hingegen, wie es von einer überzeugenden Philosophie der Menschenrechte zu fordern ist, *innerhalb* des strikten Rechts die Menschenrechte mit ihren spezifischen Normen auch auszeichnen als juridisch subjektive sowie objektive Rechte, deren Prinzipien sich klar und deutlich abgrenzen sowohl gegenüber denen des gesamten *Privat*rechts als auch nach der anderen Seite hin gegenüber denjenigen öffentlichen Rechts, solange dieses ausschließlich ausgerichtet ist auf: (1) staatliche und wenigstens in diesem Sinn *politische* Einheiten sowie deren innere rechtliche Differenzierungen; (2) deren *Außenbeziehungen* zu – aber auch Verbindungen mit – anderen derartigen politischen Einheiten; (3) Folgerungen aus den Rechtssätzen beider Bereiche für ein kosmopolitisches Recht. – Oder kurz: ausgerichtet auf alles, was vom öffentlichen Recht zu den »metaphysischen Anfangsgründen« philosophischer Lehre des Staats-, Völker- und Weltbürgerrechts gehört.[96]

So verstanden gibt das öffentliche Recht den jeweiligen Konstitutionen, Institutionen sowie Tätigkeiten der politischen Einheiten und ebenso deren Verhältnissen untereinander, bzw. den Aktivitäten darin, ihre basale rechtliche Form. Erst davon abgehoben hingegen, aber ihm im weiteren auch eingefügt und so damit verbunden, haben die Menschenrechte insgesamt ihren einen, sie alle als solche bestimmenden, selbst vernünftig bestimmten Begriff in ihrer einheitlichen, erlaubnis- sowie obligatorisch-gesetzlichen Rolle, die ihnen unterm Postulat des öffentlichen Rechts und seinem Imperativ zukommt: dass sie für alle vereinzelten natürlichen Rechtsträger die-

---

[95] Vgl. Kant 1797, AA VI, 232 (=MARL § E).
[96] Vgl. Kant 1797, AA VI, § 43.

Grundsätzliches zur Positivierung der Menschenrechte 103

jenigen rechtlich normierten und dadurch berechtigten Ansprüche
– aber als objektives Recht auch Verpflichtungen – umreißen, welche
den Forderungen des auf einen rechtlichen Zustand gerichteten Imperativs (durchgängig sich realisierender, im Zweifel justiziell ermittelter Gerechtigkeit) entsprechen. Und sie differenzieren sich in zahlreiche Einzelrechte *parallel* zur systematischen Gliederung des umfassenden Ganzen öffentlichen Rechts, soweit dieses auf politische Einheiten und die rechtsförmige Regelung ihrer Beziehungen untereinander ausgerichtet ist.[97] Vornehmlich in dessen erstem Glied, dem Staatsrecht vereinzelter Staaten, erhält das zuvor nur provisorisch wirkliche Privatrecht des »äußeren Mein und Dein« peremtorische Wirksamkeit,[98] während sich dank dieser Wirksamkeit und der differenzierteren rechtlichen Strukturierung des gesamten öffentlichen Bereichs nicht nur Perspektiven auf Differenzierungen der Menschenrechte, sondern vor allem auch Chancen auf deren wirksame Geltung auftun oder eine solche wenigstens in einem langfristigen Prozess fortschreitender Annäherung an solche Geltung erwarten lassen. So angesetzt gibt uns die Exposition und Entwicklung eines philosophischen Begriffs der Menschenrechte auch Aussicht, im öffentlichen Recht die Orte zu bestimmen, an denen die Menschenrechte als solche, d. h. als Rechte eigener Art, zunächst artikuliert und dann in der Rechtsdurchsetzung berücksichtigt werden müssen. Zudem ermöglichen so beide – Begriffs-Exposition und -Entwicklung zusammen – vielleicht auch, die Gesichtspunkte zu erkennen, unter denen die sich differenzierenden menschenrechtlichen Inhalte den Bereich strikten Rechts überschreiten und sich in einer – entsprechend zum soeben erläuterten Gebrauch des Ausdrucks »politisch« verstandenen – Politik mit Ethischem verbinden können, ja, müssen, ohne dass ihre Prinzipien bei solcher Konkretisierung korrumpiert werden.

Wie sich der Begriffsbestimmung schon im Grundsätzlichen entnehmen lässt, wäre eine *ausführliche Begründung* des ganzen Komplexes an Rechtsansprüchen, die unter den Begriff ›Menschenrechte‹ fallen, in drei Etappen auszuführen: Eine erste hätte vom Postulat des öffentlichen Rechts und allgemeinen Wissens aus, wie das darin enthaltene Rechtsgebot zu befolgen ist, direkt die *basalen* Bestimmungen der menschenrechtlichen Ansprüche und Normen, die gemäß ihrem Begriff bestehen, in Befolgung der ersten drei wahrheits-

---

[97] Vgl. Kant 1797, AA VI, § 43 f.
[98] Vgl. Kant 1797, AA VI, §§ 8 f.; § 44.

kriteriellen Regeln[99] für die Spezifikation solchen Wissens zu begründen und in dialektischer Argumentation gegen alternative Deutungen dieser Rechte sowie ihrer Gründe zu verteidigen. Die zweite hätte in Fortsetzung der erwähnten Regelbefolgung und unter Hinzunahme der anderen beiden Regeln zuerst weitere Bestimmungen des Begriffs einzuführen, welche *weniger fundamentale* Menschenrechte betreffen, und hätte dann die darunter fallenden Ansprüche auf dieselbe Weise wie zuvor direkt zu begründen sowie in indirekter Argumentation zu verteidigen. Die dritte hingegen müsste nach Maßgabe des ganzen, umfassenden Systems öffentlichen Rechts (und seiner Rolle für alles private Recht) zeigen, wie sich innerhalb dieses Systems und aufgrund der Rolle, welche innerhalb seiner den Menschenrechten zukommt, die vielen Menschenrechte in spezifischen Gruppen zu einem einzigen, selber *systematisch gegliederten Ganzen* »der« Menschenrechte zusammenfügen. Erst dadurch würde der Begriff der Menschenrechte eine in seiner ganzen Tiefe verankerte, endgültige philosophische Realdefinition und vollständige Einteilung seiner sowie seines Objekts finden. Es liegt auf der Hand, dass diese Herkules-Arbeit hier nicht bewältigt werden kann. Prinzipiell unmöglich wäre es jedoch nicht, sie zu leisten.

Wichtiger aber, als sich in der Rolle eines Herkules zu versuchen, dürfte es sein, noch eine Frage ins Auge zu fassen, welche unter den obigen vier Fragen (Kapitel III, 1.-4.) bezüglich menschenrechtlicher Ansprüche und diese rechtlich legitimierender Normen ausgespart wurde, obwohl sie sich des Öfteren am Rande abzeichnete. Sie wurde bereits zu Beginn des Kapitels I erwähnt, kann jetzt aber so platziert werden, dass auch der Ausgangspunkt für eine das Grundsätzliche betreffende Antwort auf sie deutlich wird und sich ihre Wichtigkeit im Rahmen des hier verhandelten Themas zu erkennen gibt. In ihrer anfänglichen Version lautet die Frage: Wodurch, d. h. aus welchem rechtlichen, aber effektiven Grund, kommt diesen Rechten wirksame Geltung zu, wann und wo immer sie besteht? Inzwischen ist längst klar, dass der *Ausgangspunkt* auch zu ihrer Beantwortung – Kantisch gedacht und beurteilt – im rechtlichen »Du sollst ...« bestehen muss, welches das Postulat des öffentlichen Rechts kennzeichnet. In einer Spezifikation des praktischen Wissens, das zu seiner kategorischen Forderung als der eines Postulats hinzugehört, gilt es den »effektiven Grund« für die gesuchte wirksame

---

[99] Vgl. oben in Kapitel V C) die eingerückten Textteile.

Geltung von Menschenrechten zu finden. Zugleich aber steht damit auch die *Wichtigkeit* der Frage und ihrer Beantwortung außer Zweifel. Denn das gegenüber allen übrigen Rechtsforderungen vorrangig zu befolgende Rechtsgebot verlangt ja, aus dem natürlichen und zugleich nicht-rechtlichen Zustand in einen »rechtlichen«, »d. i. den einer austeilenden Gerechtigkeit überzugehen«.[100] Dieser »Zustand« aber ist erst erreicht, wenn nicht nur Institutionen zur Herstellung solch justizieller Gerechtigkeit gebildet sind, sondern wenn an sie in strittigen Fällen sowie Zweifelsfällen wirksam appelliert werden kann oder sogar – von wem auch immer – appelliert werden muss, und wenn diese Institutionen dann aber auch gerecht entscheiden sowie ihre Entscheidungen im Rechtsvollzug durchsetzen. Wenn zu den Normen, nach denen sich die Institutionen und die von den Fällen Betroffenen zu richten haben, auch die Menschenrechte gehören, gilt das natürlich ebenso fürs Bestehen ihrer »wirksamen Geltung«. Man hat es bei einer philosophischen Rechtslehre, in der all dies thematisiert wird, also keineswegs nur mit einem aus Vernunftprinzipien geschöpften »bloßen« Naturrecht zu tun, für welches das positive Recht nicht einmal Thema ist; oder gar mit einem Naturrecht, das sich lediglich für »ideale« Rechtsinhalte interessiert, alle Fragen der Rechtsverwirklichung hingegen einer ganz außerhalb seiner liegenden Lehre von positivem Recht überlässt. Aufzuklären ist im jetzigen Kontext daher nicht zuletzt, was es für ein aus genuin praktischer Vernunft verstandenes und erkanntes Naturrecht auf sich hat mit dem Unterschied zwischen ihm und dem positiven Recht. Unter anderem in Anbetracht des Umstandes, dass Kant an dieser Stelle wenig überzeugend rezipiert worden ist, sollte dabei vorab auch geklärt werden, welche Arten von Antwort auf die noch offene Frage hier nicht erwartet werden dürfen.

B) Oberflächlich könnte man gewiss denken, Naturrecht und positives Recht hätten miteinander kaum etwas zu tun und blieben als Lehren am besten strikt getrennt voneinander. Wenn man hingegen naturrechtliche Fragen aus Gründen und in der Perspektive *genuin praktischer* Vernunfterkenntnis erwägt, kann man es sich so einfach nicht machen – gerade auch im Hinblick auf Menschenrechte. Denn unter dieser Perspektive ist das Naturrecht weder bloß ein auf *ideale* Sachverhalte bezogenes Recht noch ein bloß derart »überpositives« Recht, dass es (vielleicht) zu beachten ist, wenn man

---

[100] Kant 1797, AA VI, § 42.

die positiv-rechtlich beurteilten Zusammenhänge und Entscheidungen einzelner Rechtsfälle durchschaut und sich mit ihnen nicht zufrieden geben kann, wie das für Richter, aber auch für diejenigen, die strittige Rechtssachen des positiven Rechts »von außen« betrachten, ja oft genug der Fall ist. Vernunftrechtlich begriffenes Naturrecht ist vielmehr auch *vor* aller Reflexion auf positives, oder aber sich davon abhebendes, überpositives Recht ein Ganzes verpflichtender normativer Rechtsgehalte sowie entsprechender Bestimmtheiten subjektiver Ansprüche; und unter deren Normen stehen auch Willküroptionen sowie Tatbestände, welche gemäß den für wirkliche Rechtssubjekte geltenden Verpflichtungen z. T. gegen Geboten- und Verbotensein indifferent sind, z. T. aber der Fall zu sein haben, und zwar so, dass dazu unter Gebots- oder Verbotsnormen etwas Bestimmtes zu tun oder zu unterlassen ist – wobei das Sollen jedoch nicht nur von keinem ihm vorausgehenden Impuls, sondern auch von keiner weiteren Bedingung eines übers Gebotene bzw. Verbotene hinausgehenden Zwecks abhängt, sondern kategorisch ist. Naturrecht ist somit zuvörderst Recht nicht für die Herstellung *idealer* Zustände oder Annäherung an sie, sondern für *reale* Verhältnisse, wenngleich in ihm sowohl theoretisch erkennbar Reales wie praktisch Normatives in erheblich stärkerer Abstraktion gedacht wird als im Regelfall positiven Rechts.

Wenn schon Naturrecht im Blick auf ideale Rechtszustände und positives Recht einander gegenübergestellt werden, sollte daher mindestens innerhalb des Naturrechts sogleich ein vorrangiger, auf reale Verhältnisse bezüglicher Teil unterschieden werden von einem das Ideale betreffenden Teil, der auf Ideen praktischer Vernunft in einem allererst von Kant präzisierten Sinn beruht, aber im Ganzen des Naturrechts einen von dessen realem Teil unterschiedenen Ort einnimmt. Natürlich besitzen die Prinzipien des idealen Naturrechtsbestandteils dann auch eine von denen des realen Teils unterschiedene Erkenntnisfunktion. Die *generelle* Unterscheidung hingegen zwischen Naturrecht und positivem Recht hat anders zu erfolgen. Nach Kantischem Verständnis besteht sie darin, dass die – systematischen – Lehren des Naturrechts »auf lauter Prinzipien apriori« der rechtlich-praktischen Vernunftbetätigung und ihrer Selbsterkenntnis beruhen, während das positive Recht »aus dem Willen eines Gesetzgebers hervorgeht«[101].

---

[101] Kant 1797, AA VI, 237,3.

Um dieser Gegenüberstellung Rechnung zu tragen, muss man zwei Aspekte beachten, die Kant schon an früherer Stelle hervorgehoben hat:[102] *Einerseits* ist bei einem (»moralisch-praktischen«) Gesetz[103] generell vom »Urheber« (*auctor*) des Gesetzes selbst noch der Gesetz*geber* (*legislator*) zu unterscheiden, welcher Urheber der *Verbindlichkeit* ist, dem Gesetz gemäß den Willen zu bestimmen (bzw. zu handeln oder in einem anderen Fall ein Handeln zu unterlassen), sodass dieser »Gesetzgeber« als solcher nur der »durch ein Gesetz Gebietende (imperans)« ist. *Andererseits* ist jedoch der Gesetzgeber nicht immer auch Urheber des Gesetzes selbst. Von dieser doppelten Feststellung aus ist über das Naturrecht zu sagen: Ihm gemäß hat jedes Rechtssubjekt in seiner reinen praktischen Vernunft allemal selbst den Urheber seiner naturrechtlichen Rechtsgesetze. Der »Gesetzgeber« – oder, genau gesagt, »Verbindlichkeitsgeber« – zu diesem Gesetz hingegen ist hier generell derjenige, dem rechtlich die Befugnis – und unter hinzukommenden Voraussetzungen sogar die Verpflichtung – zukommt, irgendwelche Inhaber von gesetzwidrig eingestellter Willkür zu zwingen, dieses Gesetz zu befolgen. Das mag zunächst jeder für sich selbst oder für andere sein, für die er solchen Zwang auszuüben bereit, in der Lage und berechtigt ist. Beim Übergang aus einem natürlichen, nicht-rechtlichen Zustand in den rechtlichen ist dies zunächst jeder, der zusammen mit einer (vom Bereich sich überschneidender Willkür-Umfänge abhängigen) Teilmenge aller anderen darauf hinwirken kann und hinwirkt, dass zwischen ihm und ihnen ein dem Postulat des öffentlichen Rechts entsprechender Zustand »zustande« kommt.

Sobald sich über Ausübung solcher vom Postulat nicht nur rechtlich legitimierter, sondern gebotener Tätigkeiten ein Staat konstituiert, der den »status iustitia vacuus«[104] beenden soll, und sich in drei öffentliche, nach dem Modell eines Vernunftschlusses kooperierende Gewalten differenziert,[105] hat man es nicht mehr mit bloßer Befugnis zu tun, notfalls in den Rahmen des Rechts zu zwingen,

---

[102] Kant 1797, AA VI., 227,2.
[103] – also einem praktischen Grundsatz, der nicht nur das Wohl im Unterschied zu Üblem oder das Nützliche im Gegensatz zum Nutzlosen betrifft, sondern – als Gesetz – das Gute im Gegensatz zum Bösen, also das Gute auch im Unterschied zum gegenüber Gut und Böse schlicht Indifferenten.
[104] Kant 1797, AA VI, § 44.
[105] Vgl. hierzu *La Théorie Kantienne de la Séparation des Pouvoirs* (Fulda 2001).

sondern auch mit Rechtspflicht dazu, die beim Zusammenwirken dieser Gewalten liegt und arbeitsteilig in hierfür zu bildenden Institutionen und Unterinstitutionen hinsichtlich je besonderer Funktionen wahrzunehmen ist. Trotz der vielfältigen Differenzierung der Institutionen und Funktionen unterstehen jedoch – wenigstens für jeden einzelnen Staat – sämtliche diesbezüglichen Handlungen bzw. Unterlassungen, zu welchen jemand rechtlich befugt oder verpflichtet ist, einem *einzigen* Gesetzgeber, der in der rechtlichen Person der gesetzgebenden Gewalt verantwortlich tätig ist. Denn von dieser Gewalt geht alle positiv-rechtliche Verbindlichkeit aus, obwohl sie erst zusammen mit den anderen Gewalten voll wirksam wird. Die hier in Rede stehende »Gesetzgebung« endet also genaugenommen nicht mit der Verabschiedung und Inkraftsetzung des betreffenden positiv-rechtlichen Gesetzes, sondern setzt sich in der Rechtstätigkeit der anderen öffentlichen Gewalten fort bis zu derjenigen der richterlichen Gewalt in letzter Instanz, von deren Rechtsprechung aus sie sich sogar wieder in *Ein*wirkungen auf den Autor der positiv-rechtlichen Gesetze *aus*wirken kann. Zugleich aber ist diese gesetzgebende Gewalt als Gesetz*geber* in ein und derselben Person auch Urheber der betreffenden Gesetze. So sind diese Gesetze nach Auskunft des Naturrechts als »systematischer Lehre«[106] dann *positiv-rechtliche* Gesetze. Weit entfernt also davon, dass beide, Naturrecht und positives Recht, nichts miteinander zu tun hätten, bringt der aufgezeigte Unterschied zwischen ihnen sie miteinander in praktisch relevante und bestimmte Verbindung. Aber das ist nicht alles, was es hier zu beachten gilt.

Gesetze des positiven Rechts beruhen auf Willkürentscheidungen ihres Autors und sind daher in ihrem Bestehen für die apriorische Vernunfterkenntnis zufällig, also nur empirisch festzustellen, ohne darum in ihrem Rechtsgrund und Inhalt verschlossen zu sein für alle praktische Vernunfterkenntnis. Der Rechtsgrund (im Postulat des öffentlichen Rechts) ist als solcher schon eingesehen. Doch zum Inhalt und zu seiner Wirksamkeit, als auf Willkür und bloßem Fürgut-Halten des Autors und möglichen oder wirklichen Gesetzgebers beruhend, gehören allemal auch Bestimmtheiten, die sich der Vernunfterkenntnis nicht als alternativlos und notwendig oder wenigstens als unter kontingenten Bedingungen vernünftig erschließen. Nur muss der Inhalt darum nicht ausschließlich aus solchen

---

[106] Kant 1797, AA VI, 237,3.

Grundsätzliches zur Positivierung der Menschenrechte

Bestimmtheiten bestehen. Mindestens die abstrakteren von ihnen können auch mit Bestimmtheiten naturrechtlicher Gesetze übereinstimmen, und die übrigen können mit diesen ebenso gut verträglich – ja, sie zudem spezifizierend, also integrierbar sein in ihren systematischen Zusammenhang, wie – im Gegenteil – mit ihnen unverträglich und in praktischem Widerstreit zu ihnen stehend oder gar im Widerspruch mit ihren Prinzipien befindlich, ohne dass sie im Fall solchen Widerstreits oder Widerspruchs allein schon seinethalben ihre positiv-rechtliche Geltung verlieren würden. Zu behaupten, dass auch letzteres der Fall ist, bedarf also zusätzlicher Gründe, mit denen sich das Naturrecht als systematische Lehre aus rechtlich-praktischer Vernunfterkenntnis ebenfalls abgeben muss.[107] – Eine auf dieser Lehre aufbauende Philosophie der Politik als einer – nach Kantischem Verständnis – »ausübenden Rechtslehre«[108] muss sich zusätzlich hierzu Prinzipien der mit solch ausübender Rechtslehre verträglichen Sorge ums öffentliche, allgemeine Wohl des Staats zuwenden und dabei auch die Inklusion des je besonderen Wohls aller unter staatlicher Herrschaft Lebenden in das allgemeine Wohl zu ihrer Angelegenheit machen; überdies aber bringt sie es damit zu einem grundsätzlichen, aus Prinzipien geschöpften Verständnis für ethische Beimischungen in den positiv-rechtlichen Inhalten von Menschenrechten. Doch sie kann diese Mixturen aus Rechtlichem und Ethischem nach sachgemäßen Prinzipien auch beurteilen und die guten unter ihnen gegen verwerfliche abgrenzen. Im Unterschied zu vorschnellen politischen, gesellschaftlichen, einseitig pragmatischen oder technisch-praktischen Funktionalisierungen, erst recht aber zu bloßen Traditionalismen, die in Überlieferungszusammenhängen aufgehen, vermag sie damit zu wissen, was sie sagt, und es in genuin praktischer Erkenntnisperspektive aus den jeweils zuständigen Gründen zu rechtfertigen oder aber zu verwerfen. Wie immer man sich in der Perspektive genuin praktischer Vernunfterkenntnis und unter den soeben erwähnten Gesichtspunkten zum Charakter und zu besonderen Gehalten positiv-rechtlicher Bestimmtheiten der

---

[107] Vgl. Kant 1797, AA VI, 318,3–323,1 – wenn auch Kants Urteil über politisches Widerstandsrecht an dieser Stelle kritisch zu beurteilen und erheblich zu differenzieren ist. Näheres dazu sagt meine Abhandlung *Philosophische Kultur im gesellschaftlichen Konflikt* (Fulda 1990), insbes. 131 ff.
[108] Vgl. zu diesem Politikverständnis V. Gerhardt (1995), *Immanuel Kants Entwurf ›Zum ewigen Frieden. Eine Theorie der Politik‹*. Bes. Kapitel VIII 3.

Menschenrechte jeweils zu verhalten hat – allemal kommen mit deren Thematisierung über die abstrakteren naturrechtlichen Bestimmungen hinaus *zusätzliche Faktoren* ins Spiel, welchen auf die eine oder andere Weise Rechnung zu tragen ist.

Zugleich aber kann man aus dieser Perspektive auch leicht einsehen, dass Rechtsbestimmungen von der Art der Menschenrechte einer Positivierung *bedürfen* und dass Kantisch verstandenes Naturrecht gegenüber der Positivierung von Menschenrechten nicht nur aufgeschlossen ist, sondern die Positivierung auch *fordern* muss. Die einzige Alternative hierzu wäre ein bloßes Gewohnheitsrecht und in strittigen Rechtsangelegenheiten sowie Rechtskonflikten weithin nach Gutdünken entscheidendes Richter- oder höchstens Präzedenzfallrecht. Zweifellos aber wäre es blauäugig, anzunehmen, es könne beim Befolgen der Forderung im Postulat des öffentlichen Rechts damit getan sein, sich solche Gewohnheiten und Rechtsentscheidungspraktiken nur gleichsam naturwüchsig entwickeln zu lassen, wo doch der Übergang von einem natürlichen in einen rechtlichen und rechtlich-politischen Zustand gewiss intensivierter vernunftrechtlicher Willensbildung bedarf. Gerade aus Gründen, die zu einem vernunftrechtlich angelegten und praktizierten Naturrecht gehören, kann sich die philosophische Lehre des Naturrechts also in Sachen der Menschenrechte gegen positivierte und zu Inhalten positiv-rechtlicher Gesetze gemachte Menschenrechte nicht abschotten. Sie muss sich vielmehr, qua systematische Lehre, mit positivem Recht, das »aus dem Willen eines Gesetzgebers hervorgeht«, verbinden – trotz und sogar mithilfe der Auswirkungen, welche eine nicht nur vernünftig bestimmte Willkür hat und in den Gehalt der menschenrechtlichen Gesetzes-Tatbestände sowie in die Durchsetzung von deren Forderungen hineinträgt. Nicht zuletzt erhalten diese Forderungen, soweit sie die Menschenrechte betreffen, allererst dadurch eine hinlänglich bestimmte Gestalt, die ihre je besonderen Gehalte für gerichtliche Entscheidungen strittiger oder zweifelhafter Einzelfälle dank deutlich fixierter Tatbestandsmerkmale handhabbar macht. Auch in dieser Hinsicht muss eine von Kant inspirierte Rechtsphilosophie diejenigen Positivierungen der Menschenrechte auszeichnen, welche deren Vernunftrechts-Substanz bewahren.

Freilich aber kann an den menschenrechtlichen Wirkungen positiv-rechtlicher, gesetzgeberischer Willkürbetätigung nicht alles zum Diskussionsgegenstand naturrechtlicher Betrachtung und Beurtei-

lung gemacht werden. Wo die *Grenze* zum hier Auszuklammernden verläuft, ist im Dickicht von Menschenrechtsdiskursen, die auf konkrete Fälle bezogene, positiv-rechtliche Fragen betreffen, oftmals schwer auszumachen. Generell aber darf man, was eine angemessene Bestimmung der Grenze betrifft, wohl sagen, dass jenseits der Grenze all dasjenige liegt, wofür oder wogegen statt der rechtlich-praktischen nur noch technisch-praktische, pragmatische oder ethische und politisch-ethische Gesichtspunkte (im oben bezeichneten, vagen Sinn der Rede von Politischem) sprechen, nicht aber deren Verbindung mit vorrangigen, rechtlich-praktischen Gesichtspunkten oder schon mit einer (Kantisch verstandenen) Politik als ausübender Rechtslehre. Des Weiteren liegt jenseits der Grenze natürlich auch alles, was so verworren und hochgradig komplex ist, dass man daran diese verschiedenen Gesichtspunkte der Beurteilung gar nicht mehr klar voneinander abheben kann. – Diesseits der Grenze hingegen liegen nicht zuletzt Gesichtspunkte, die bei der Entwicklung und rechtlichen Beurteilung förmlicher Verfahren für Entscheidungen einzelner Rechtsfälle sowie ihre Zweifelsfragen ausschlaggebend und von prinzipieller Bedeutung sind. Die Einzelfälle hierzu und die Beurteilung konkreter Fragen, die sie aufwerfen, gehören dagegen in den Bereich bloß anmerkungsweise heranzuziehender Beispiele zur metaphysisch-philosophischen Abhandlung.[109]
Man sollte in diesem Zusammenhang aber nicht verkennen, dass eine philosophische Abhandlung des Naturrechts als Lehre aus spezifisch praktischer Vernunfterkenntnis eine Menge an Anhaltspunkten enthält, Fälle auftretender oder drohender Rechtskonflikte und aus ihnen hervorgehender Probleme durch die begründete Unterscheidung zwischen Verpflichtungsgründen verschiedenen Gewichts lösbar zu machen.[110] Ein markantes Beispiel hierfür war der oben mehrfach erwähnte Vorrang, welchen der das Postulat des öffentlichen Rechts ausmachende Soll-Satz vor allen übrigen, spezielleren Rechts-Imperativen oder rechtlichen Befugnissen hat. Auch durch solche Gesichtspunkte kann die Willkür, die im positiven Recht am Werk ist, erheblich eingeschränkt werden. Insgesamt darf man wohl sagen, dass sich die Kantische Perspektive auf die Erkenntnis, Be-

---

[109] Vgl. Kant 1797, AA VI, 205/6. Leider bleibt die ganze vorliegende Abhandlung Hinweise auf erläuternde oder Evidenz vermittelnde Beispiele aus dem positiven Recht allzu oft schuldig.
[110] Vgl. Kant 1797, AA VI, 224,3.

stimmung, Positivierung und Durchsetzung von Menschenrechten gerade durch ihre sorgfältigen, prinzipiellen Unterscheidungen unter den zahlreichen Modalitäten einer in irgendeinem Sinn praktischen Erkenntnis vor allen anderen diesbezüglichen Perspektiven auszeichnet. In den hierdurch ermöglichten Abstufungen der Relevanz verschiedener Beurteilungsgesichtspunkte für die Rechtfertigung bzw. Kritik differenzierter Forderungen, welche auf positivierte Menschenrechte und auf Erfordernisse für deren Durchsetzbarkeit gerichtet sind, besitzt sie ihr wichtigstes *Alleinstellungsmerkmal*.

Allerdings wird die Konzentration auf dieses Merkmal und das darin gelegene Potential zur Aufklärung über Menschenrechte auch erkauft mit zahlreichen Verzichten auf andere Möglichkeiten, dem Interesse an solcher Aufklärung Rechnung zu tragen. Man darf vom Kantischen Ansatz hierzu weder eine gelehrte fachjuristische Doktrin – oder auch nur deren Hermeneutik – erwarten noch eine kultur-, sozial- oder politikwissenschaftliche Untersuchung oder eine politische Diskussion zu gegenwärtiger menschenrechtlicher Praxis; und ebenso wenig eine historische Darstellung – oder gar Erklärung – der großen geschichtlichen Prozesse, in deren Verlauf Menschenrechts-Ideen entstanden sind, diskutiert wurden, sich verbreitet haben und ihre Umsetzung in vielerlei Praxis fanden. Auch an eine neue, »affirmative Genealogie« der Menschenrechte,[111] die kulturanthropologische Gesichtspunkte – zusätzlich zu historischen – ins Zentrum stellt, ist im Kantischen Kontext nicht zu denken. Untersuchungen all dieser Arten stehen vom Kantischen Ansatz aus nicht unter Verdacht, jeder Berechtigung zu ermangeln. Es wird ihnen nicht einmal Konkurrenz gemacht. Im Vergleich mit ihnen allen verdient der recht verstandene Kantische Ansatz aber seinerseits am wenigsten den Verdacht, dass die Ergebnisse seiner Ausführung Überzeugungskraft nur im Rahmen unserer »westlichen« Kultur und ihrer Lebensvoraussetzungen haben. Denn die grundsätzlichen philosophischen Überlegungen, die von diesem Ansatz aus zu bedenken gegeben werden, kann jeder im Medium seiner eigenen Sprache und Kultur aus eigener Selbsterkenntnis nachvollziehen; und auch in anderen Denkkulturen müssen die in diese Überlegungen eingehenden Argumentationsschritte als zur Begründung zureichend oder un-

---

111 Vgl. – als eine der jüngsten Publikationen zum Thema – Hans Joas (2001), *Die Sakralität der Person. Eine neue Genealogie der Menschenrechte.*

zureichend beurteilt werden. Voneinander abweichende Ergebnisse solcher Beurteilung hingegen lassen sich fruchtbarer diskutieren als bloße Voraussetzungen verschiedener Traditionen positiven Rechts und Anmutungen kultureller Fremdheit oder Vertrautheit. Allzu viele – oder gar gelehrte – Kenntnisse von den Realien menschenrechtlicher Praxis sind dafür nicht erforderlich. Vielleicht wird durch die von Kant ausgehenden philosophischen Überlegungen sogar ein kleiner Beitrag dazu geleistet, den deprimierenden Kontrast zu verringern, in welchem sich heutzutage ein weltweit fast einhelliges *Bekenntnis* zu den Menschenrechten mit den extrem auseinanderklaffenden *Deutungen* derselben befindet und in welchem – mehr noch – viele krass voneinander abweichende *Praktiken* des Umgangs mit Menschenrechten unter den Augen einer zunehmend globalisierten Weltöffentlichkeit koexistieren. Um dieses einzigartigen, in der Kantischen ›Rechtslehre‹ enthaltenen Potentials willen mutete der obige Text seinen Lesern die Überfülle an höchst komplexen, subtile Unterschiede berücksichtigenden Aussagen zu.

C) Die behauptete Verbindung, in welche sich eine vernunftrechtliche Thematisierung der Menschenrechte mit dem positiven Recht zu bringen hat, führt vor die Frage, ob der entscheidende Schritt, diese Verbindung zu vollziehen, über Positivierung einer vernunftrechtlichen Norm für *Menschenwürde* und die Behauptung führen sollte, die Würde des Menschen sei sowohl »unantastbar« als auch entsprechend zu achten und zu schützen, wie dies in besonders markanter Weise der Grundrechte-Katalog des Grundgesetzes der Bundesrepublik Deutschland gleich zu Beginn von Artikel 1 einschärft. In zahlreichen philosophischen Abhandlungen wird nicht nur auf die prominente Stellung aufmerksam gemacht, die das Thema ›Menschenwürde‹ seit der Allgemeinen Erklärung der Menschenrechte der Vereinten Nationen (1948)[112] in vielen Staatsverfassungen und zwischenstaatlichen Konventionen einnimmt, soweit sie die Menschenrechte betreffen. Nicht selten verweisen die philosophischen Abhandlungen dazu auch auf Ausführungen über Würde, die Kant in seiner ›Grundlegung zur Metaphysik der Sitten‹ (1785) und in ›Metaphysische Anfangsgründe der Tugendlehre‹ (1797) gemacht

---

[112] Vgl. den ersten Satz der Präambel dieser Erklärung. (In: *Menschenrechte. Ihr internationaler Schutz*: Fastenrath 2004, 5). Für heutige deutsche Verfassungen vergleiche man: *Die Verfassungen aller deutschen Länder*: Schuster 1994, insbes. 597.

hat. Sie ziehen die dortigen, den Würdebegriff betreffenden Wendungen zur Explikation der Rede von Menschenwürde bzw. Würde des Menschen nicht zuletzt deswegen heran,[113] weil diese Rede in den positiv-rechtlichen Primärtexten nicht erläutert wird; oder sie suggerieren zumindest einen engen Zusammenhang zwischen der positiv-rechtlichen Rede und den Formulierungen in den genannten Schriften Kants. Was ist davon zu halten?

Die meistens herangezogenen Kantischen Äußerungen über Würde und die dieser Würde entsprechende Willensbestimmung haben im Hinblick auf Recht – zumal aber auf positives Recht – das Missliche, dass sie ihrem Kontext zufolge gar nicht die Menschen in rechtlicher Hinsicht betreffen, geschweige denn das positive Recht. Sie beziehen sich einerseits, wenn nicht auf die Würde des Sittengesetzes selbst (aus der Autonomie der reinen praktischen Vernunft),[114] auf sich daraus ergebende Forderungen, unter denen Menschen hinsichtlich ihrer Zwecksetzungen und moralischen Gesinnungen stehen,[115] sowie auf die entsprechend bestimmten Zwecksetzungen und Gesinnungen selber; andererseits aber auf die ethischen »Tugendpflichten« oder -verpflichtungen von Menschen, sei's von Menschen gegen sich selbst, sei's gegenüber anderen Menschen.[116] Nach beiden Seiten hin gilt jedoch: Was Zweck an ihm selbst ist, als solcher aber kein bloß untergeordneter, sondern ein höchster Zweck, das besitzt für denjenigen, dessen Zweck es ist, einen inneren Wert ohne

---

[113] Als drei Beispiele unter vielen, die man anführen könnte, seien hier genannt: Chr. Menke und A. Pollmann, *Philosophie der Menschenrechte* (2007) (darin, zusätzlich zu 55–60: 133,1; 139,1 f.); H.-J. Sandkühler (2007a), *Menschliche Würde und die Transformation moralischer Rechte in positives Recht;* K. Seelmann (2009), *»Menschenwürde« als ein Begriff des Rechts?,* insbes. 167–170. – Sorgfältig in der Darstellung Kantischer Äußerungen, welche die Themen ›Menschenwürde‹ und ›Würde‹ betreffen, vor allem aber auch verdienstvoll in der Kritik an zahlreichen diesbezüglichen Behauptungen: G. Mohr (2007), *Ein »Wert, der keinen Preis hat«* – *Philosophiegeschichtliche Grundlagen der Menschenwürde bei Kant und Fichte.* In manchen Punkten würde ich Mohrs Kritik an Kant sogar noch verschärfen. Aber auch G. Mohr befindet sich nicht auf der Spur dessen, was im Folgenden versucht wird. Vgl. a.a.O., 25,3; 28,2 f.; 29,2 f.; 33,2–35,2.
[114] – sowie der Menschheit in uns oder eines jeden rein vernünftigen Wesens als solchen. Vgl. Kants *Grundlegung* in AA IV, 411,1 f.; 425,2 und *Tugendlehre* in AA VI, 387,2; 420,3; 429.
[115] Vgl. insbesondere die *Grundlegung,* AA IV, 429–440,1.
[116] Vgl. die *Tugendlehre,* AA VI, §§ 9; 11 f.; 37 f.

Äquivalent, also auch einen, für den es keinen Preis gibt. Eben deshalb ist es und hat der Betreffende nach Kant auch eine Würde. Jeder Andere, der damit in sich oder in Anderen zu tun bekommt, muss es als solches nach Kants oberstem Prinzip der Moralität[117] auch sich selbst zu seinem Zweck machen und der Würde entsprechend damit sowie mit dem, der sie hat, umgehen. Doch durch Gesetze einer möglichen äußeren Gesetzgebung, also unter Rechtsnormen und strikt rechtlich, kann gar nicht geboten oder verboten werden, bestimmte, über äußere Handlungen oder Unterlassungen hinausgehende Zwecke zu haben oder sich zu setzen. Denn das strikte Recht verlangt nach Kantischem Verständnis, dass in seinen Forderungen von allen solchen Zwecken und Gesinnungen, die Menschen haben mögen oder haben sollen, durchweg abgesehen wird, da Zwecke und Gesinnungen nicht von außerhalb dessen, der sie hat oder haben kann, geboten oder verboten werden können,[118] also auch nicht durch Gesetze einer möglichen äußeren Gesetzgebung und diese Gesetzgebung selbst. Noch weniger kann natürlich eine vernunftrechtliche Lehre strikten Rechts Forderungen behaupten oder gar begründen, die Würde des Sittengesetzes in der inneren Selbstgesetzgebung reiner praktischer Vernunft zu schützen oder zu achten[119].

Zudem können eine ›Grundlegung zur Metaphysik der Sitten‹ und ›Metaphysische Anfangsgründe der Tugendlehre‹ genaugenommen Würde nur als diejenige einer ethisch sich aus rein moralischen Gründen – d. h. aus Gründen innerer Selbstgesetzgebung – zum Handeln bestimmenden Person thematisieren oder als Würde des aus solchem Inneren kommenden praktischen Gesetzes selbst oder als Würde des rein vernünftigen Wesens, das Autor solch eines praktischen Gesetzes ist – nicht aber als jene Menschenwürde, bezüglich

---

[117] – gemäß der zweiten der »Typus«-Formeln des Kategorischen Imperativs der Sittlichkeit, welche die *Grundlegung*, AA IV, 429 anführt. Vgl. dazu die »Typik der reinen praktischen Urteilskraft« in der *Kritik der praktischen Vernunft*, A 119,2–126.
[118] Eine andere, hier nicht hergehörige Frage ist, ob Zwecke und Gesinnungen bei rechtlicher Beurteilung und Bewertung von Straftaten sowie Festsetzung von Strafen gleichwohl eine Rolle spielen können und, wenn »ja«, welche.
[119] – bzw. die Würde der Menschheit in jedem von uns als einer jeweiligen moralischen Person, die solche innere Selbstgesetzgebung vollzieht; oder gar die Würde des vernünftigen Wesens selbst in seiner rein praktischen Autonomie.

deren möglicherweise auch das Kantisch gedachte Naturrecht etwas zu erkennen vermag und von welcher jedenfalls das heutige positive Recht nachdrücklich redet. Es ist daher kein Wunder, dass man – sich an die prinzipiell-moralische und ethische Rede von Würde haltend, während es um einen strikt rechtlichen Sinn von Menschenwürde geht – mit dem hierzu gehörenden Begriff von Würde und mit Behauptungen über sie unüberwindliche Schwierigkeiten hat und sich in zahlreiche Paradoxien verwickelt, die genaugenommen unauflösbare Dilemmata sind.[120] Wenn man die Paradoxien aber als »Kantisches Erbe« betrachtet,[121] so verwechselt man eine pervertierte Auffassung, welche unvorsichtige oder sich anmaßlich als Erben Kants verstehende Interpreten vertreten, mit den authentischen Gedanken Kants.

Was hat eine von Kant inspirierte philosophische Rechtslehre über Menschenwürde wirklich zu sagen? Hat sie den Begriff solcher Würde aus ihrem Kontext zu eliminieren und ihn damit auch von ihren Urteilen über Positivierung sowie Durchsetzung der Menschenrechte fernzuhalten – im Widerspruch zu zahlreichen politischen Menschenrechtserklärungen und zu den Verfassungstexten aller Staaten, deren Grundrechte-Kataloge darauf beruhen? – Es könnte sein, dass ein sich aufs positive Recht beschränkender Autor gut daran tut, bezüglich Art. 1 (1) unseres Grundgesetzes kommentierend zu erklären, der positiv-rechtlich gebrauchte Begriff ›Menschenwürde‹ verliere durch seine hochgradige Unbestimmtheit nicht seine Tauglichkeit als Rechtsbegriff.[122] Doch sowohl dem gemeinen Verstand als auch dem philosophischen Bemühen um Selbstverständigung wäre mit dem Ansinnen, es dabei bewenden zu lassen, eine harte Nuss ungeknackt zu schlucken gegeben. Der Verdacht, dass man es hier in Wahrheit mit einem nichtssagenden oder sogar dem »nichtssagendsten aller Konzepte« zu tun habe,[123] jedenfalls aber mit einer »Leerformel«,[124] läge allzu nahe. – Anderseits könnte sich vielleicht auch eine Philosophie der Menschenrechte dazu versteigen zu behaupten, der Inhalt des Begriffs ›Menschenwürde‹ sei nichts

---

[120] Vgl. dazu Kurt Seelmann (2009, 166–171).
[121] A.a.O., 167–170.
[122] Vgl. dazu H.-J. Sandkühlers Zitat aus Ph. Kunigs Kommentar zum Artikel (1) unserer Verfassung (Sandkühler 2007a, 69, Fußnote 47)!
[123] So Olivier Cayla. Vgl. Sandkühler 2007a, 61.
[124] So P. Kondylis. Vgl. Menke und Pollmann 2007, 130.

anderes als das ganze Arsenal an Begriffen von einzelnen Menschenrechten. Dann wäre zu fragen, warum nicht vorgeschlagen wird, auf die Ausdrücke »Würde des Menschen« und »Menschenwürde« zu verzichten und sie aus einem Menschenrechtekatalog oder seiner Präambel zu eliminieren. Wer sich hingegen ernsthaft bemüht, Kant in Sachen Menschenrechte weiterzudenken, ohne in die oben kritisierten Deutungs-Attitüden zu verfallen, und wer ebenso wenig dem Vorschlag folgt, den Kurt Seelmann macht,[125] der sollte an dieser Stelle noch einmal den Ausgangspunkt ins Auge fassen, von dem aus das Thema ›Menschenrechte‹ sich uns stellte und das aufs Konzept solcher Rechte führende Rechtspostulat geltend zu machen war. Leitend hierbei sollte nun aber die Frage sein, ob – und gegebenenfalls wie – das sich so artikulierende Rechtsverständnis mit dem Gedanken einer strikt rechtlich bestimmten Menschenwürde verbunden ist, die man, in diesem Kontext gedacht, vielleicht sogar als Zentrum eines Kerns von elementarsten Menschenrechten erkennen kann. – Zuvor aber empfiehlt es sich, genauer als oben zu Beginn von C) zu registrieren, wie Kant den Begriff der Würde generell fasste und wie er dann im rechtsphilosophischen Kontext von Würde bzw. Würden sprach.

---

[125] Nach Seelmann 2009, 171–180, ist der Menschenwürde eine bestimmte »Scharnierfunktion« im Verhältnis zwischen Recht und Moral zuzuschreiben und durch sorgfältige Überlegungen der genaue Sinn dieser Funktion zu ermitteln. Leider aber führt die Ermittlung wiederum zu einem Ergebnis, mit dem das Recht insgesamt in Abhängigkeit von moralischen Inhalten gebracht wird. Doch die sind entweder *interkulturell* gar nicht mehr zu vermitteln oder sie bestehen in der Voraussetzung, dass unter allen Rechtsträgern ein Verhältnis wechselseitiger Anerkennung besteht, ohne das Menschenwürde nicht zugeschrieben werden kann und andere diese Würde nicht respektieren müssen (vgl. a.a.O., 179,2–180). Zweifellos kann aber nicht zwischen allen Rechtsträgern, deren Menschenwürde rechtlich zu achten und zu schützen ist, oder gar zwischen jedem von ihnen und den zu solch rechtlicher Achtung und solchem Schutz Verpflichteten ein Verhältnis *wechselseitiger* Anerkennung bestehen (nicht, z. B., zwischen Ungeborenen und irgendwelchen anderen). Die Serie der Paradoxien, auf welche Seelmann zu Anfang dankenswerterweise aufmerksam gemacht hat, reißt leider am Ende seiner Abhandlung nicht ab. Wäre es da nicht besser, die Paradoxien nicht aufkommen zu lassen, indem man mit ihrer Reihe gar nicht erst beginnt und dazuhin die These einer Scharnierfunktion der Menschenwürde fürs Verhältnis zwischen Recht und Moral fallen lässt? Ein Scharnier hat mit dem zwiegesichtigen Gott Janus viel zu viel gemein, als dass man sich damit Hoffnung auf einen Begriff machen könnte, der deutliche Unterschiede setzt.

Unter den nach kantischer Auffassung für den Begriff ›Würde‹ definitorischen Bestimmungen sind drei leicht feststellbar und oben schon andeutungsweise vorgekommen. Man kann sie vom speziellen Fall der Anwendung auf jene Würde, die ihre prinzipiell moralischen und ethischen Bedeutungen hat, durch Abstraktion ablösen und mit großer Plausibilität annehmen, dass sie auch im Recht eine Rolle spielen werden. Das nämlich dürfte dann der Fall sein, wenn im Anwendungsbereich des Ausdrucks »Würde« von irgendwelchem Sachhaltigen gesagt werden kann, es habe oder sei Würde, insofern wir es bei ihm zu tun haben: (1) mit einem *Wert*, der im Verhältnis zu anderen Werten – wenn er sich mit ihnen überhaupt vergleichen lässt, also nicht für unvergleichlich gilt – ein *sehr hoher*, vielleicht sogar ein höchster Wert in einer Reihe vergleichbarer Werte ist; (2) mit einem Wert, der *intrinsisch* ist, d. h. zum betreffenden Realen selbst gehört, nicht aber zu dessen Beziehung auf anderes; (3) mit einem Wert, für den es in anderem Wertvollen als dem betreffenden *kein Äquivalent* gibt, also a fortiori auch keinen Preis, zu dem es gegen anderes, Gleichwertiges ausgewechselt werden könnte – und sei's unterm Prinzip kommutativer Gerechtigkeit des Austauschs. Zwecke für irgendjemanden oder in irgendetwas – oder eine Gesinnung, die aufs Verwirklichen eines solchen Werts ausgerichtet ist – sind keine Voraussetzung dafür, ganz generell von Wert in diesem Sinn zu sprechen. Zusätzlich aber gilt: Wie könnte man a limine untersagen, im Kontext des Rechts zu sprechen von Werten mit mindestens einem der drei genannten Merkmale, wo es darin doch um rechtliche Normen geht und man's mit Realem zu tun hat, das diesen Normen genügt oder nicht genügt, aber auch im einen Fall mehr, im anderen Fall weniger genügt? Wenn es zudem unter diesen Normen mindestens eine gibt, die gegenüber allen anderen einen unbedingten Vorrang hat, wird man demjenigen, was ihm genügt, zweifellos auch einen *höchsten* Wert zusprechen, der den Werten von anderem übergeordnet ist. Und wenn man beim Realen, indem man ihm diesen Wert oder einen dem sehr nahestehenden Wert zuspricht, bei der Bewertung absehen kann von seiner eventuellen Relation auf anderes, dann wird sein Wert zudem ein *innerer* sein im Unterschied von einem, der einem Realen nur in seiner Relation zu anderem Realen zukommt.

Rechtsgesetze als solche, durch die sich die Normen bestimmen, haben nicht eo ipso etwas in sich, wodurch im Kontext ihrer Anwendung solche Feststellungen ausgeschlossen sind. Sie können, ja müssen diejenigen, für welche sie Gesetze sind, durch ihre Normen auch schon unter Absehung von allen Relationen auf anderes, und sei's Normrelevantes, normieren. Es genügt dazu, dass wir sagen müssen, ein allgemeines Gesetz der Freiheit, wie es (nach MARL, § B) für den allgemeinen Begriff des Rechts definitorisch ist, gebe in der äußeren Betätigung von Freiheit nicht nur eine Norm für den Willkürgebrauch des einen Rechtsträgers im Verhältnis zum anderen vor, sondern auch (mindestens) eine für jeden der beiden *jeweils selbst*. Dass dies der Fall ist, liegt zwar noch nicht deutlich im anfangs exponierten allgemeinen Begriff des Rechts. Aber im Verlauf der Abhandlung metaphysischer Anfangsgründe der Rechtslehre könnte sich, wenn diese Lehre bis ans Ende des auf sich allein gestellten Privatrechts gekommen ist, erwiesen haben, dass es tatsächlich genau so ist. – Selbst von einem sehr hohen inneren Wert, zu dem es *kein Äquivalent* gibt, werden wir im Bereich des Rechts wohl sprechen müssen; dann nämlich, wenn es nur wenigstens ein Rechtsgesetz gibt, nach dessen Maßgabe dasjenige, was auch nur einer der in ihm festgelegten Normen gemäß ist, nicht gegen ein anderes, mindestens gleichwertiges Normgemäßes ausgetauscht werden kann – und das weder unter einem der anderen Rechtsgesetze noch unter Gerechtigkeitsprinzipien sei's kommutativer, sei's beschützender, sei's distributiver Gerechtigkeit. Das aber muss man höchstwahrscheinlich – ergänzend zu allem bisher über den Grund zum Postulat des öffentlichen Rechts Gesagten – in Bezug auf eine Situation behaupten, in welcher es den Zusammenbruch aller wirksamen Verbindlichkeit des Rechts unter Menschen rechtmäßig zu vermeiden gilt und man trotzdem, oder vielmehr gerade deshalb, nicht nach der verzweifelten Devise handeln darf: »Not kennt kein Gebot«.

Bevor das genauer erwogen wird, sollten jedoch noch zwei weitere definitorische Merkmale des allgemeinen Würdebegriffs beachtet werden, die meistens in den heutigen, auf Kant zurückverweisenden Deutungen der Ausdrücke »Würde des Menschen« und »Menschenwürde« unterbelichtet bleiben. Bei Kant hingegen sind sie im rechtsphilosophischen Gebrauch des Ausdrucks »Würde« durchaus beachtet. Schon in der Bedeutung des lateinischen Wortes »dignitas«, deren sich Kant natürlich bewusst ist, liegt ja – und umgangssprachliche Wendungen wie »x ist unter der Würde von y« und »x ist des y würdig« bringen bis heute zum Ausdruck –, dass dasjenige, welchem Würde zukommt, mit dieser eine höhere Stellung innehat als anderes, dem sie nicht zukommt. »Würde« ist also ein Wort für (4) Status-

Auszeichnung durch *Höhe* über anderem, darunter Stehendem. Dieser Status aber kann (5) von anderem *abgeleitet* sein – z. B. verliehen worden sowie durch Leistung erworben – *oder* aber *ursprünglicher oder* gar schlicht *der ursprüngliche* sein. Auch diese beiden zusätzlichen definitorischen Merkmale berücksichtigt Kant im Kontext seiner Rechtslehre. Von den (rechtskonformen) drei Gewalten im einzelnen Staat nämlich wird gesagt, sie seien *Staatswürden* und enthielten »das Verhältnis eines allgemeinen *Oberhaupts* ... zu der vereinzelten Menge [des Volks] als *Untertans*«[126]. Damit scheint zunächst nur auf das Merkmal (4) abgehoben zu sein. Doch erläuternd zu »Oberhaupts« wird in Klammern hinzugefügt, »der« [sic![127]] könne, nach Freiheitsgesetzen betrachtet, »kein anderer als das vereinigte Volk selbst sein«. Der Staat hingegen ist nach der rechtsphilosophischen Exposition seines Begriffs »die Vereinigung einer Menge von Menschen unter Rechtsgesetzen«. Und sofern die Gesetze dabei allein schon »aus Begriffen des äußeren Rechts überhaupt von selbst folgen«[128], ist die Form des Staats die »eines Staats überhaupt, ... wie er nach reinen Rechtsprinzipien sein soll«. Diese Form ist, m. a. W., »der Staat *in der Idee*, ... welche jeder wirklichen Vereinigung zu einem gemeinen Wesen (also im Inneren) zur Richtschnur (norma) dient«[129]. Im Vergleich mit den Staatswürden kann man das nur so verstehen, dass die drei Staatsgewalten ihren Wert, Staats*würden* zu sein, nur vom ursprünglicheren Wert der *Vereinigung* jener Menge *zum* vereinigten Volk als Oberhaupt des Staats her haben können, also abgeleiteterweise, während die Vereinigung selbst einen durch die Merkmale (1) bis (5) ausgezeichneten, ursprünglicheren Wert – ihre *qualifizierte Würde* – inne hat von der durch und durch rechtsgesetzlichen Form dieser Vereinigung her: vom Staat in der Idee her

---

[126] Kant 1797, AA VI, § 47.
[127] Wenn der hier (auch noch in der zweiten Auflage) gebrauchte bestimmte Artikel für ein Substantiv männlichen grammatischen Geschlechts kein bloßer Druckfehler ist, sondern Absicht oder zumindest eine Sinn zu erkennen gebende Fehlleistung, so deutet er darauf hin, dass statt des Wortes »Oberhaupt« (in Anwendung auf das vereinigte Volk selbst) das Wort »Souverän« hätte gebraucht werden müssen, sodass implizit die Volkssouveränität behauptet worden wäre, zu welcher sich Kant an anderer Stelle auch bekennt.
[128] d. i. des zwischenmenschlichen Rechts im Unterschied zu demjenigen, dessen Pflichten ausschließlich innere Rechtspflichten sind. (Vgl. Kant AA VI, 236,5)
[129] Kant 1797, AA VI, § 45.

nämlich als dem ursprünglichen, aber nur idealen Wert, und zwar durch besondere Nähe zu dieser Idee.

Was aber ist hinsichtlich der Würde dann von den so miteinander sich vereinigenden oder vereinigt werdenden *einzelnen* Menschen zu sagen? Müssen sie nicht auch ihre – abgeleitete oder gar ursprüngliche – Würde haben, damit der Vereinigung und mit ihr den Staatsgewalten eine je spezifische Würde zugesprochen werden kann? Auch sie stehen ja, indem sie sich miteinander zu einem Staat vereinigen, unter der Idee des Staats und differenzieren sich je vereinzelt – wie dann der realiter rechtlich konstituierte, einzelne Staat – in einerseits eine sich als Rechtsvernunft (mit dieser praktischen Vernunftidee) betätigende Rechtsperson, zumindest aber einen einzelnen *Menschen*, sofern er zum (in ihm selbst oder in anderen) Wirksamwerden dieser Vernunft tauglich ist – mithin als dasjenige im betreffenden Menschen, das den *hohen Status* inne hat; und in andererseits das *unter ihm* Stehende, das ebenfalls der jeweilige Mensch ist, aber nun er mit all seinen sonstigen natürlichen Gegebenheiten, Bedürfnissen, Willkürpräferenzen, Einstellungen des sinnlich bedingten Willens sowie den im Lauf des Lebens erworbenen, ausgebildeten oder noch der Ausbildung harrenden, oder aber verkümmerten, also wieder verloren gegangenen Dispositionen und Fertigkeiten, die allesamt nicht dafür relevant sind, das Postulat des öffentlichen Rechts zu befolgen, wenn sie nicht dafür sogar hinderlich sind. Das den hohen Status Besitzende in den einzelnen Menschen ist rechtlich beurteilt jedenfalls ein sehr hoher, vielleicht sogar höchster Wert und einer, der demjenigen, dem Würde zukommt, intrinsisch ist und zu welchem es für den jeweiligen einzelnen, die Würde jeweils Exemplifizierenden, im Wert eines anderen kein damit auswechselbares Äquivalent gibt. Vor allem aber: Nur von demjenigen aus, das den einzelnen in seinem so zu denkenden Wert auszeichnet, kommt das »Du sollst ...«, das ihn im Postulat des öffentlichen Rechts anspricht, zu seinem Adressaten und deswegen im Erfolgsfall zu seiner Wirkung; und nur über diese Wirkung kommt es zu jener Vereinigung, welche der Staat ist, und kommt es zu dessen Idee als Norm dieser Vereinigung sowie zur Wirksamkeit dieser Norm in der Vereinigung, die aus einzelmenschlichem, vereinigendem Handeln vieler hervorgeht. Dasjenige, was in den einzelnen Menschen diesen ausgezeichneten Status hat, zu solcher Vereinigung zu taugen, ist bei vielen einzelnen Menschen – unter allen hinlänglich verbreitet – auch das Vermögen, die Vereinigung unter der Norm, ihr entsprechend, tatsächlich herbeizuführen. Dass sich all dem die Würde abstreiten lässt, kann man sich nicht als widerspruchsfrei denken. Das betreffende dürfte jedenfalls nicht weniger Würde besitzen als die Staatsgewalten; wahrscheinlich aber besitzt es sogar eine noch ursprünglichere als die reale Vereinigung selbst. Denn diese Vereinigung ist ja mitsamt der Idee, die ihre Norm ist, kooperative Leistung solch einzelner Menschen, die allesamt jenen Würde-Status haben; und sie kommt nur wegen diesem alle von ihnen auszeichnenden Status zustande. Ihre rechtliche Form – und damit ihr Würde-Status – geht doch nur aus kollektiver und (soweit möglich) kooperativer Betätigung dessen hervor, was in den Einzelnen ihre jeweilige Würde ist.

Was nun noch zögern machen kann, hier in rechtlicher Bedeutung von Menschenwürde oder Würde des Menschen zu sprechen und diese Würde damit auch allen einzelnen Menschen zuzuerkennen, dürfte einzig die Frage sein, warum der schon zu erkennende Würde-Status allen Menschen *als solchen* zukommen muss, nicht aber nur denen unter ihnen, die gemäß dem Postulat des öffentlichen Rechts Ausgezeichnetes leisten, und solange sie das tun; nicht hingegen z. B. Ungeborenen, lebenslang Schwachsinnigen, Altersdementen oder denjenigen, welchen Nationalsozialisten, aber auch andere »lebensunwertes Leben« zugesprochen und das Leben genommen haben. Um auch diese Frage zu beantworten, muss man noch einmal die anfängliche Explikation des Kantischen Rechtsbegriffs (in § B) zusammen mit der Situation des Rechts im nichtrechtlichen Zustand am Punkt des Übergangs zu einem rechtlichen Zustand erwägen.[130]

Es wurde oben schon darauf hingewiesen, dass sich der Umfang des Realen, auf welches der Kantische Rechtsbegriff anzuwenden ist, seiner Exposition in § B zufolge nicht auf Inhaber und Betätiger von Willkür beschränken muss. Da die Exposition keine Realdefinition im strengen Sinne war, genügt es, im Gang der ›Rechtslehre‹ zu zeigen, dass sich dieser Umfang, was die Adressaten rechtsgesetzlicher Forderungen, oder aber Inhaber solch gesetzlicher Ansprüche betrifft, darauf nicht beschränken kann und dass der eingangs exponierte Rechtsbegriff dementsprechend zu verdeutlichen ist. Das aber ist im Verlauf der Kantischen Abhandlung des Privatrechts ein-

---

[130] Wer dessen müde ist, erinnere sich an die obigen, dreimal aus Platon und Aristoteles zitierten, mir zum Motto dienenden Äußerungen über den Anfang beim philosophischen Untersuchen eines Problems!

Grundsätzliches zur Positivierung der Menschenrechte

leuchtend geschehen – gerade auch hinsichtlich des Umfangs »des einen« sowie »des anderen«, von denen in der Begriffs-Exposition die Rede war. Schon über das elementare Recht, »etwas Äußeres als das Seine zu haben« und zu erwerben (§§ 1–31) hat sich ergeben, dass solches »Haben« nicht allemal in persönlicher, empirischen Besitz herstellender sowie erhaltender Anwesenheit und Willkürbetätigung bestehen muss. Es muss daher sogar im Subjekt von Willkür noch etwas Prinzipielleres enthalten sein als das Willkürvermögen selbst: nämlich eine *Rechtsträgerschaft,* die nicht durchgängig an vorhandene Willkür oder gar ihre Betätigung gebunden ist. Mehr noch zeigte sich später – und endgültig spätestens im Hauptstück über Rechtserwerb sowie -erhaltung durch den Urteilsspruch einer »Gerichtsbarkeit«:[131] Sogar noch Verstorbene sind Rechtsträger.[132] Wie viel mehr sind das dann Existierende, aber der Willkür noch ermangelnde Ungeborene oder ihrer nicht mehr mächtige Menschen! Rechtsträgerschaft, so muss man den eingangs exponierten Rechtsbegriff präzisieren, ist also, was den Umfang betrifft, schlicht an die Bedingung gebunden, dass es sich bei den Rechtsträgern entweder um einzelne, aktualiter individuelles Leben besitzende – wenigstens aber zu anderer Zeit als der Gegenwart in rechtlich relevanter Weise damit ausgestattet gewesene – Menschen handelt *oder* um zwischen solchen Menschen bestehende, rechtliche Verbindungen mit dem Status einer juristischen Person.

Schon diese Präzisierung reicht im Grund aus einzusehen, dass die rechtlich relevante Würde einzelner Rechtsträger, die natürliche Menschen sind – und zudem Personen sind, waren, sein werden oder zumindest unter normalen Lebensbedingungen wären –, nicht gebunden ist an die Voraussetzung, darüber hinaus jederzeit individuell eine besondere Leistungsfähigkeit zu besitzen oder gar Leistung dafür zu erbringen, dass sie sich mit anderen rechtsförmig zu einem Staat unter der Idee des Staats vereinigen – und sei es die Leistung, einander wechselseitig als Rechtspersonen anzuerkennen. Evidenterweise gilt ferner: Schon wenn Rechtsträger in diesem Sinn »nur« individuelle, natürliche Menschen ohne moralische Qualifikation sind,[133] gibt es zu ihrer individuellen Existenz als Rechtsträger

---

[131] Kant 1797, AA VI, §§ 36–40; vgl. aber auch § 35!
[132] – nämlich nach »tadellosem Leben« Träger eines Rechts auf einen guten Namen nach dem Tode. Vgl. AA VI, § 35.
[133] – also keine bloß fiktiven, z. B. ge*beam*ten, Entitäten.

kein Wert-Äquivalent. Hinzukommende Eigenschaften bzw. Kompetenzen, durch die sie sich qualifizieren zu zurechnungsfähigen Rechtspersonen – wodurch sie auch zu Adressaten der Forderung im Postulat des öffentlichen Rechts werden – machen nicht allererst aus ihrem vereinzelten menschlichen Dasein einen Rechtsträger, zu dem es jeweils oder bei irgendeinem von ihnen auf einmal wunderbarerweise ein Wertäquivalent im rechtlich relevanten Sinn gibt. Die Kantisch zu denkende Menschenwürde verträgt daher weder eine »Anerkennungskonzeption« noch eine »Leistungskonzeption«.[134] – Zwingender werden diese Feststellungen jedoch aus zwei weiteren Gründen, welche die Situation des Übergangs aus dem (sich immer wieder ausbildenden oder wenigstens drohend ankündigenden) nicht-rechtlichen Zustand in den rechtlichen betreffen.

Der Übergang muss *zum einen* auf die Herstellung und Durchsetzung distributiver, also im Zweifel justiziell entscheidender *Gerechtigkeit* gerichtet sein, deren Wirken auch die Sorge für tutative und kommutative Gerechtigkeit einschließt.[135] Denn wie dürften für einen Richter, der doch nach Maßgabe der praktischen Idee so bestimmter Gerechtigkeit sein Urteil zu fällen hat – aber auch für die rechtskräftige Durchsetzung seiner Entscheidung im zwischenmenschlichen Leben – Gesichtspunkte bloß fiktiver Äquivalenz zum wirklichen Rechtsträger-Status eine Rolle spielen? Wie dürften bei solchen richterlichen Entscheidungen und ihrer Umsetzung bei den davon Betroffenen Voraussetzungen der Fähigkeit zu einer bestimmten Leistung (oder gar der Wirklichkeit einer solchen, und sei's diejenige wechselseitiger Anerkennung) relevant sein für den Übergang aus dem nicht-rechtlichen Zustand in den rechtlichen? Wer, obwohl er individueller, natürlicher Mensch ist, diese Voraussetzungen nicht erfüllt, ist ja gar nicht in der Lage, andere anzuerkennen, wie er auch nicht imstande ist, sich dem Postulat des öffentlichen Rechts, wenn es befolgt wird, in den Weg zu stellen; und er kann sich durch dieses Postulat nicht einmal zu etwas verbinden lassen! Andere nehmen ihn bei ihrer Befolgung der Forderungen des Postulats in den dadurch bewerkstelligten Zustand einfach mit und sind durch das Postulat dazu berechtigt, ja, verpflichtet, denn der

---

[134] Vgl. zu den genannten »Konzeptionen« H. J. Sandkühler (2007a), 64 f.
[135] [Der Terminus »tutativ« bezieht sich auf die iustitia tutatrix (schützende Gerechtigkeit). Anm. d. Herausgeberin, mit Dank an M. Welsch für den Hinweis.]

herzustellende rechtliche Zustand ist einer zwischen *allen* in ihrem Willkürbereich befindlichen Menschen. Aber vom betreffenden, entsprechend Behinderten auch nur die Befolgung der ersten Ulpianischen Rechtsregel[136] zu verlangen, wäre schon schreiendes Unrecht. – Schließlich darf *zum anderen* jedoch nicht vergessen werden, dass das Verbleiben im nichtrechtlichen Zustand wegen dessen drohender Ausbreitung von einem Menschen auf andere und immer größere Menschenkreise das gesamte Recht zwischen den Menschen in seiner Existenz bedroht. Wenn diese Gefahr abzuwenden und ihre Vergrößerung mit allen kollektiv verfügbaren Mitteln nicht irgendwie, sondern gemäß dem Postulat des öffentlichen Rechts zu verhindern und der rechtliche Zustand herzustellen oder auch nur zu stabilisieren ist, dann bedarf es vor allem der Reflexion auf Erhaltung, Stärkung und Entwicklung des Rechts in dessen Verhältnis zu Gewalt, die hier selbst in extreme Spannung zwischen nicht nur rechtloser, sondern rechtswidriger Gewalttätigkeit (violentia) einerseits und andererseits durch und durch rechtlich bestimmter sowie legitimierter Gewalt (potestas) gekommen ist. Da diese Reflexion aus zwingenden Rechtsgründen erforderlich ist und die praktische Umsetzung ihres Ergebnisses sogar vorrangig vor der Wahrnehmung aller sonstigen rechtlichen Verpflichtungen zu erfolgen hat, darf das Recht hier nicht bloß, was den Anwendungs-Umfang seiner Gesetze betrifft, Personen berücksichtigen, die einer Zurechnung ihrer Handlungen fähig sind. Andernfalls würde es – durch willkürliche Begrenzung des Umfangs seiner natürlichen Rechtsträger am wundesten Punkt der Grenzziehung gegen anderes als diese Rechtsträgerschaft – aller Vernünftigkeit, Überzeugungskraft und Substanz beraubt werden: der Substanz, *Recht »der«* – d. h. *aller* – *Menschen* zu sein.

Einem jeden einzelnen natürlichen Menschen also kommt als solchem *Würde* im präzise bestimmten Sinn ihres Begriffs zu; und diese Würde ist so – aber auch nur so – in *strikt rechtlicher* Bedeutung »Würde des Menschen« oder kurz »Menschenwürde« zu nennen. Sie ist unter strikt rechtlich bestimmten Weisen realer Würde sogar mindestens insofern die *ursprünglichste*, als es nur von ihren realen Inhabern aus zu jenen realen Vereinigungen einer Menge von Menschen kommt, die als so unter der Idee des Staats und in rechtlicher Form vereinigte Menge der politische *Souverän* ist, von dessen Würde aus wiederum die Staatsgewalten, wenn sie sich in ihrer recht-

---

[136] Vgl. AA VI, 236,5.

lichen Form befinden, abgeleiteterweise *Staatswürden* sind. Wie die realen Staaten im Verhältnis zur Idee des Staats, so stehen auch die jeweiligen realen Menschen mit ihrer realen Würde im Verhältnis geringerer oder größerer Nähe zu einer praktischen Idee: derjenigen einer sich in Handlungsdispositionen und Handlungen realisierenden, ihre tutativen, kommutativen und distributiven Modalitäten untereinander ausbalancierenden Gerechtigkeit – sei's, dass die Idee dabei mit den realen Menschen in einem nicht-rechtlichen Zustand zu tun hat (aber auch diese Menschen mit ihr zu tun haben), oder dass die Beziehungen zwischen beiden Seiten im Übergang vom nicht-rechtlichen in einen rechtlichen Zustand wirksam sind, oder dass sie zwischen Menschen in einem rechtlichen Zustand und der Rechtsidee von Menschen in solchem Zustand bestehen. Und wie wirkliche Staaten mit ihren Beziehungen untereinander im Verhältnis zu ihrer praktischen Idee, so enthalten auch die wirklichen Menschen – mit ihrer je eigenen, realen rechtlichen Beschaffenheit und mit ihren rechtsrelevanten Verhältnissen untereinander – in sich selbst mehr oder weniger günstige Voraussetzungen für eine zunehmende Annäherung an die praktische Idee: in diesem Fall nämlich an die Idee des rechtlichen Zustandes als desjenigen, in welchem sich vollkommene distributive Gerechtigkeit zusammen mit den anderen Gerechtigkeitsmodalitäten vollkommen durchsetzt. Als wahrhaft *praktische* ist diese Idee keine, an die man sich ins Unendliche »nur« annähern kann, ohne sie jemals realisieren zu können. Schon jeder Schritt der Annäherung an diese Idee ist ein Schritt im Prozess ihrer Realisierung, also praktische Realisierung dieser Idee selbst! Aber dass Recht sich im einen Fall schwerer, im anderen Fall leichter durchsetzen lässt und dass seine Entscheidungen dabei das eine Mal mit geringeren, das andere Mal mit größeren Schwierigkeiten zu kämpfen haben, um gerecht getroffen zu werden, das nimmt seinen Forderungen nicht ihre Verbindlichkeit und ihm selbst nicht seine Bedeutsamkeit.

Eine bloße Leerformel oder das nichtssagendste aller Konzepte oder auch nur ein nicht ganz ernst zu nehmender, weil keinen präzisen Sinn ergebender Begriff ist der Rechtsbegriff ›Menschenwürde‹ also gewiss nicht. Als der hier ausgewiesene Rechtsbegriff ist er gewiss auch kein Scharnierbegriff oder Brückenkonzept *zwischen* Moral und Recht.[137] Zweifellos erlaubt er auch, Rechtsprinzipien zu

---

[137] Vgl. dagegen Seelmann 2009, bes. 180; sowie oben Fn. 107.

formulieren, zu denen für die Anwendung freilich noch, vor allem im positiven Recht, Regeln hinzutreten müssen, unter die sich den Prinzipien gemäß einzelne Fälle subsumieren und über sie Entscheidungen treffen lassen. Aber zur Abwägung zwischen konkurrierenden Regeln und Auszeichnung der jeweils entscheidungsrelevanten unter ihnen sind hier nicht nur formale, für alle Übergänge von Rechtsprinzipien zu Rechtsregeln zu beachtende Gesichtspunkte verfügbar, sondern vor allem auch *inhaltliche Kriterien*, zu deren Entdeckung und Rechtfertigung das Postulat des öffentlichen Rechts ein enormes, in den bisherigen Rechtsdebatten über Menschenwürde, soweit ich sehen kann, überhaupt nicht in Betracht gezogenes Potential enthält. Mithilfe dieses Potentials lässt sich vermutlich die Kontroverse entschärfen, die bezüglich des Verhältnisses von Prinzipien und Regeln im Fall der die Menschenwürde betreffenden Rechtssätze aufgekommen ist.[138] Von entscheidender Bedeutung dürfte hierbei die oben versuchte Beantwortung der Frage sein, woraus sich Kantischer Auffassung zufolge das rechtliche Konzept von Menschenwürde ergibt und ob es sich beim Ergebnis um ein »Mitgift«-Konzept von Menschenwürde handeln kann oder nicht. Dazu ist nun noch etwas zu sagen.

Gestützt auf die Kantische Lehre vom Übergang aus dem Privatrecht im natürlichen und damit auch nicht-rechtlichen Zustand in einen rechtlichen und öffentlich-rechtlichen muss man sagen: Als Gegenstand, von welchem den rechtsbegrifflichen Gehalt ›Menschenwürde‹ zu behaupten in dieser Lehre einen zureichenden Grund und volle Berechtigung hat, ist die Menschenwürde keine »Mitgift« des Menschen als eines prinzipiell vernunftbegabten Wesens. Kant ist also in Sachen Grund und begrifflicher Gehalt der Menschenwürde kein »Protagonist der sog. ›Mitgift-Theorie‹«,[139] wenngleich es ebenso abwegig wäre, ihm eine »Leistungstheorie« oder eine »Anerkennungstheorie« der Menschenwürde zuzuschreiben (wenn man von ihm bezüglich der Menschenwürde überhaupt eine »Theorie« erwarten dürfte[140]). Die Menschenwürde wird nach

---

[138] Vgl. dazu K.-E. Hain (2007), *Menschenwürde als Rechtsprinzip*, bes. 92, 94, 98 f.; R. Alexy (1994), *Theorie der Grundrechte*, 95–97, 312–326, 409.
[139] Vgl. dagegen Hain 2007, 90, sowie die dort angegebenen weiteren Beiträge zu dieser Diskussion, und H. J. Sandkühler (2007a), 58, 64–66, zu eng damit verwandten Diskussionen.
[140] Kants praktische Philosophie und Hegels spekulative Philosophie sollten endlich dazu beitragen, dass wir mit dem Ausdruck »Theorie« weniger

einem Kants Rechtsphilosophie angemessenen Verständnis vielmehr *entdeckt* im Hinblick auf reale und allzu leicht erfahrbare Gefährdungssituationen, in deren Konsequenz das Recht unter Menschen überhaupt »umgestürzt« würde,[141] also seine Verbindlichkeit und Kraft verlöre, sich durchzusetzen, aber auch schon Gefahr läuft, dass seine reale Existenz im weitestmöglichen Sinn zunichte wird. Sie wird entdeckt *als* eine *Existenzbedingung* dieses Rechts, welche *zu ihm selber* gehört, nicht aber nur eine ihm äußerliche Bedingung seiner Verbindlichkeit ist. Und diese Entdeckung kann sogar von jedermann in vernunftrechtlicher Überlegung aus vielerlei Anlässen immer wieder neu gemacht werden. Ein »Geber« für die Erfüllung dieser Bedingung, sei's als Natur oder als Gott oder als Geist, ist in der Rechtsphilosophie nicht zu denken, sodass die Existenzbedingung selbst und die Menschenwürde, die als sie entdeckt wird, von daher auch nicht als eine den Menschen oder dem Recht zwischen ihnen mitgeschenkte »Gabe« zu behaupten ist.

Ebenso wenig kann man im angemessenen Weiterdenken Kants gegen dessen Gründe für einen strikt rechtlich zu verstehenden Würdebegriff mit Recht geltend machen, der Begriff ›Menschenwürde‹ sei kein Substanzbegriff, sondern *nur* ein Funktionsbegriff[142] – als könnte etwas, das unter der einen Bestimmung Substanz oder etwas Substantielles ist, nicht auch unter einer anderen Bestimmung Funktion sein oder Funktionen haben. Im Begriff der Menschenwürde, wie er im Vorigen entwickelt wurde, liegt vielmehr: Diese ist einerseits ein substantielles Charakteristikum eines jeden rechtlich bestimmten, durch natürliche Individuation vereinzelten Menschen und kommt schon dessen bloßer, keinem solchen Menschen abzusprechender Qualifikation zu, Rechtsträger zu sein; andererseits qualifiziert sie den Rechtsträger aber auch dahingehend, aufgrund seiner Rechtsträgerschaft in funktionalen Beziehungen zu stehen, deren Bezugsrelate durchs Postulat öffentlichen Rechts vorgezeichnet sind und mit der Befolgung des darin enthaltenen, rechtlichen »Du sollst ...« erkennbar werden.

---

gedankenlos umgehen, als das in abstrakten philosophischen Äußerungen, insbesondere aber im Umkreis der sogenannten Kritischen Theorie der modernen Gesellschaft, während des 20. Jahrhunderts üblich geworden ist!
141 Vgl. das letzte Wort des ersten Teils der Kantischen *Rechtslehre*, AA VI, 308!
142 So H. J. Sandkühler (2007a, 58).

Vernunftrechtlich gedacht erfordert der Begriff der Menschenwürde somit folgende

Exposition:
Menschenwürde ist derjenige ursprüngliche, jedem Menschen als solchem intrinsische, unter allen rechtlichen Würden vorrangige, für keinen Menschen ein mögliches Äquivalent besitzende Wert, der mit dem Recht zwischen Menschen überhaupt besteht, aber auch fällt; und sie findet sich bei jedem Menschen – jeweils individuell verschieden modifiziert – repräsentiert in Qualifikationsmerkmalen, welche als die Würde ausdrückend allemal funktional notwendig sind für praktische Verwirklichung des im Postulat des öffentlichen Rechts Geforderten, welchen aber allemal auch andere Merkmale des betreffenden Menschen untergeordnet sind.

Es wäre interessant zu überlegen, welche Konsequenzen sich in den verschiedenen »Zuständen« zwischen Menschen[143] unter dieser Definition ergeben. Wichtiger aber für grundsätzliche Aussagen über Positivierung und Durchsetzung der Menschenrechte dürfte es sein, die Beschäftigung mit dieser Frage zu überspringen und unverzüglich unsere heutige positiv-rechtliche Bestimmung der Menschenwürde im Hinblick auf eine ihr angemessene vernunftrechtliche Interpretation, Begründung und Beurteilung ins Auge zu fassen.

Unter Voraussetzung der vorgeschlagenen Begriffs-Exposition dürfte klar sein, dass das Grundgesetz der Bundesrepublik Deutschland gut daran tut, seine Statuierung der Menschenwürde in Artikel 1 (1) zweiteilig abzufassen und dem ersten Teil die Form der Behauptung einer Aussage zu geben, die etwas rechtlich Unmögliches beschreibt, erst aber im zweiten Teil eine Verpflichtung auszusprechen. Der erste der beiden Sätze nämlich spricht an, was auch die erste Hälfte der Definition berücksichtigt: die Menschenwürde in ihrer *substantiellen* Bedeutung. Indem er von ihr lapidar aussagt und behauptet, dass sie »unantastbar« ist, mahnt er jeden mit der Behauptung Angesprochenen, nicht zu vergessen, sondern sich (nach bitteren Erfahrungen) einzugestehen, dass die Menschenwürde in dieser

---

[143] – nämlich dem nicht-rechtlichen überhaupt, dem des Übergangs von ihm zu einem rechtlichen überhaupt und dem in einem bürgerlichen sowie staatlich verfassten, teils (immer noch) auch nicht-rechtliche Teilzustände enthaltenden, teils aber durchaus rechtlichen Zustand.

Bedeutung nicht bloß – warum auch immer – verpflichtende Kraft hat, sondern tatsächlich in rechtlichem Sinne unantastbar ist. Denn wäre sie antastbar oder würde sie dementsprechend gar »angetastet«, so wäre damit das Recht zwischen Menschen überhaupt hinfällig, und auch das »Antasten« wäre keine Rechtsverletzung mehr, also kein Antasten in einem rechtlichen Sinn. Die praktische Selbstwidersprüchlichkeit des Rechtsgedankens vermeintlicher Antastbarkeit der Menschenwürde als solcher wird in ihrer Bedeutung nur verwischt, und die Bedeutsamkeit, welche es hat, sich diese Widersprüchlichkeit als direkte Folge der Zuschreibung oder Inanspruchnahme von Menschenwürde klar zu machen, wird verkannt, wenn man den ersten Satz der in unserer Verfassung formulierten Grundrechte wider den Sinn der Feststellung, die er trifft, selber schon als eine »Garantie« oder ein Rechtsverbot versteht, oder als Statuierung einer Norm in der sprachlich stärksten Form, Normativität auszudrücken.[144] Mit der oben vorgeschlagenen Exposition des Begriffs ›Menschenwürde‹ und der hier versuchten Interpretation des ersten Artikels und Absatzes unserer Verfassung vermeidet man solche Unstimmigkeiten. Denn die Exposition ist ebenso wie der Absatz zweiteilig, und der erste Satz des Absatzes spricht dieser Interpretation zufolge ebenso wie der erste Teil der Exposition nur vom spezifischen rechtlichen Wert, der die Menschenwürde *an ihr selbst* ist, noch nicht aber von den vielfältigen Merkmalen, die sie ausdrücken, in denen sie dabei repräsentiert ist und die jeweils ihre durchs Postulat des öffentlichen Rechts bestimmte *Funktion* haben. Davon handelt erst der zweite Satz.

Aufgrund des zweiten Teils der Exposition und der Rolle, die das Postulat des öffentlichen Rechts darin spielt, ist selbstverständlich, dass die in ihrer Substanz unantastbare Menschenwürde in den vielen Merkmalen, die sie ausdrücken und repräsentieren, sehr wohl angetastet, nämlich rechtswidrig verletzt, beschädigt, verstümmelt, missachtet, ja sogar »entwürdigt« werden kann. Selbstverständlich ist gemäß dem Postulat des öffentlichen Rechts aber auch, dass eine

---

[144] So z. B. bei H. J. Sandkühler (2007a, 66, 58); letzteres (in der dortigen Fußnote 6) unter zustimmendem Hinweis auf Ph. Kunig und J. Limbach. Wer oder was, wäre zu fragen, soll hier Garant der Garantie sein und welcher rechtliche Grund soll berechtigen, die Garantie auszusprechen – ganz zu schweigen von der Glaubwürdigkeit der Versicherung, die in solcher »Garantie« liegt?

rechtliche Verpflichtung besteht, die Menschenrechte in allen sie repräsentierenden Merkmalen zu achten und zu schützen. Im Text der Verfassung eines Staats jedoch, also als positives Recht, und im Kontext von dessen Wirklichkeit muss die Verpflichtung dem Postulat gemäß und der auf seiner Befolgung beruhenden Bildung des verfassungsgebenden Souveräns zufolge vorrangig an alle staatliche Gewalt gerichtet sein. Nichts anderes als dies statuiert der zweite Satz des von der Menschenwürde handelnden Verfassungs-Artikels.

Im Zusammenhang mit dem nun über Menschenwürde Ausgeführten wäre es nicht besonders schwer zu zeigen, dass sich aus der obigen Begriffs-Exposition bezüglich spezieller, die Menschenwürde betreffender Fragen eine Reihe von Konsequenzen ziehen lassen. Viele von ihnen stimmen im Ergebnis mit Urteilen überein, die das Bundesverfassungsgericht anlässlich seiner Entscheidung konkreter Streitsachen gefällt hat.[145] Mit der vernunftrechtlichen, von Kant inspirierten Begründung und Deutung der Menschenwürde steht man also nicht in Gefahr, beim Übergang vom Naturrecht zum positiven Recht und einer hierbei versuchten Beurteilung des die Menschenwürde betreffenden positiven Rechts für den Experten des letzteren alle Glaubwürdigkeit zu verlieren. Hingegen gewinnt man mit solcher Begründung, wenn sie gelingt, Aussagen, die sich nicht pauschal abtun lassen – sei's als nur für eine bestimmte Rechtskultur geltend, sei's als nur relativ auf diese einleuchtend.

Festzuhalten gilt es aber vor allem auch: Direkt von unserem positiven Recht aus und mittels seiner Dogmatik allein scheint keine überzeugende Deutung streng rechtlich verstandener Würde des Menschen gelingen zu wollen. Im Kontext genuin Kantischer Lehre strikten Rechts hingegen ergibt sich, wie zu zeigen war, eine

---

[145] Z.B.: – zum Prinzip der rechtlichen Freiheit und Gleichheit aller Menschen als eines leitgedanklichen Gehalts der Menschenwürde: BVerfGE 5, 85 (205); 90 (121); 94, 12 (34)
– zur physischen Existenz als vitaler Basis der Menschenwürde: BVerfGE 39, 1 (42)
– zum rechtlichen Status des menschlichen Embryos: BVerfGE 39, 1 (41)
– dazu, dass der Strafvollzug nicht zur charakterlichen Deformation von Strafgefangenen beitragen darf: BVerfGE 45, 187 (238 ff.); 64, 261 (272 f., 277 f.)
– zum Schutz der Menschenwürde als Schutz vor »Erniedrigung, Brandmarkung, Verfolgung, Ächtung usw.«: BVerfGE 1, 97 (104)
– zum Verfahren, Verletzung der Menschenwürde anhand von Grenzen festzustellen, die das positive Recht zieht: BVerfGE 30, 1 (25).

solche Deutung am Ende der Auskunft über privatrechtlich und/
oder öffentlich-rechtlich zu erlangende Gerechtigkeit mit epistemischer Konsequenz. Desgleichen ergibt sich im Übergang von einem nicht-rechtlichen zu einem rechtlichen Zustand unter Menschen der Fundierungszusammenhang zwischen rechtlich verstandener Menschenwürde und Menschenrechten. Mindestens in ihrem Kern sind die Menschenrechte unmittelbare Folgen der funktionalen Aspekte, durch welche sich die rechtlich bestimmte Menschenwürde zusätzlich zu ihrem substantiellen Gehalt begrifflich auszeichnet und welche sich erkennen lassen, wenn man beide, die Substanz und die Funktionen, als im Postulat des öffentlichen Rechts gründende Bestimmungen von natürlichen, individuellen Rechtsträgern und Rechtspersonen denkt.

Nachwort

Die vorliegende Abhandlung sollte vor allem zeigen, dass eine Philosophie der Menschenrechte nur von einem Prinzip wie dem Kantischen Postulat des öffentlichen Rechts aus und aus seiner Verbindung mit den es selbst fundierenden Prinzipien heraus entwickelt werden kann, wenn sie der vollen Universalität des Geltungsbereichs menschenrechtlicher Normen gerecht werden, aber auch hinsichtlich ihrer eigenen epistemischen Voraussetzungen mit sich ins Reine kommen will. Davon zu überzeugen ist mir hoffentlich gelungen. Hinreichend deutlich sollte auch geworden sein, dass es im gesamten bisherigen Diskurs über Menschenrechte für das genannte Postulat keinen gleich leistungsfähigen Ersatz gibt.

Andererseits muss jedoch, damit das Postulat als ein Prinzip der Menschenrechte zu erkennen ist, die Rechtsphilosophie weiter, als Kant selbst es seinerzeit wagte, ausgebaut werden. Und die Kantischen Einsichten sind dabei zu spezifizieren sowie zu vertiefen. Auf diesem oben beschrittenen Weg hat sich in sechs Kapiteln abgezeichnet, dass das Programm einer so angelegten und kontextualisierten Philosophie der Menschenrechte, in seiner Ausführung beharrlich fortgesetzt, sogar eine gleichermaßen umfassend wie differenziert entwickelte Systematik aller wichtigen Klassifizierungen der einzelnen Menschenrechte zu liefern verspricht – und zwar eine, welche auf keine bloß kulturrelativen Gründe rekurrieren muss, sondern im Kern durch und durch vernunftbestimmt ist, aber für ihre Teilinhalte auch kulturspezifische und zugleich legitimerweise positivierbare Konkretisierungen zulässt. – Auch der Charakter der hierfür erforderlichen und möglichen, vernunftrechtlichen Begründungen sollte deutlich genug zutage getreten sein. Durch ihn zeichnet sich genuin praktische Vernunft-Erkenntnis – und innerhalb ihrer die rechtlich-praktische Vernunfterkenntnis – in ihrer eigenen Perspektive und mit dem ihr eigenen Horizont aus. Sie qualifiziert sich damit unmissverständlich vor der heute gängigen, verschwommenen Rede von »Theorie« der Menschenrechte.

Ebenfalls unverkennbar wurde im letzten Kapitel, dass eine Philosophie der Menschenrechte, die sich so empfiehlt, dringend fortgebildet werden sollte zu einer gleichfalls aus Vernunft bestimmten Philosophie entsprechender *Politik* der Menschenrechte, an deren Basis ebenso wie am Anfang jeder Positivierung von Menschenrechten die unbedingte Achtung von Menschenwürde stehen muss. Außer den Erfordernissen kündigten sich nachdrücklich genug auch die Chancen eines solchen Fortgangs zur Thematisierung von Politik an. Noch stärker als das sechste Kapitel würde dieser Fortgang wieder zurückführen ins Getümmel von Diskussionen und in Interessenkonstellationen, denen gegenwärtig viel höhere Aktualität zuerkannt wird als den Fragen, um die es im obigen vierten und fünften Kapitel ging. Die mithilfe Kants zu gewinnende Einsicht, dass Menschenrechte nicht nur nicht vom Staat, sondern auch von keiner zwischenmenschlichen Gemeinschaft kommen, wäre in diesem Kontext zu ergänzen durch ihr Gegenstück: dass nicht einmal die Politik der Menschenrechte ausschließlich den Staat und institutionalisierte Rechtsbeziehungen zwischen Staaten ins Auge fassen darf, obwohl sie freilich – als Politik – zunächst auf den Staat als wichtigsten Adressaten der Geltendmachung von Menschenrechten konzentriert sein muss, dabei aber von den Gründen fürs Postulat des öffentlichen Rechts und damit auch vom Kern der Menschenrechte auszugehen hat. Ebenso nämlich, wie sie ihren vorpolitischen Ursprung in den Menschenrechten selber besitzt, muss sie einen über jeden Staat und seine Beziehungen zu anderen Staaten hinausgehenden, kosmopolitischen Handlungs- und Erkenntnishorizont haben, damit den Menschen als natürlichen Rechtsträgern mit ihren Menschenrechten volle Gerechtigkeit zuteil werden kann.

Ein anfänglicher Plan der vorliegenden Abhandlung sah vor, in einem siebten Kapitel die Grundlinien entsprechender Lehre von Politik der Menschenrechte anhand des Kantischen Politik-Verständnisses zu entwerfen und den Entwurf zu verbinden mit kritischen Kommentierungen gegenwärtig wahrnehmbarer Tendenzen, Politik der Menschenrechte zu betreiben. Denn nur in Abhängigkeit von vernunftphilosophischer Bestimmung und Begründung der Menschenrechte kann deren vernunftrechtlicher Gehalt in seiner rechtsstaatlich-politischen Implementierung erhalten werden. Auch praktisch betriebene Politik der Menschenrechte sollte ihre Tätigkeit nicht ohne Reflexion auf diese Ordnung ihrer Voraussetzungen ausüben. – Meine Beschäftigung mit diesem Themenkomplex hat jedoch ergeben, dass sich dem anfänglichen Plan zulänglich nur Rechnung tragen lässt in einer Arbeit, die viel umfangreicher und in sich vielschichtiger ist, als die zunächst für ein siebtes Kapitel der vorliegenden Abhandlung vorgesehene es wäre. Ähnlich wie der Kantische Rechtsbegriff für eine Thematisierung der Menschenrechte nicht nur in seinem Anwendungsbereich zu präzisieren, sondern auch in seinen Konstituenten zu vertiefen war, gilt es im Hinblick auf die Politik der Menschenrechte, das Kantische Politikverständnis zunächst einmal in die Tiefe seiner Prinzipien hinein zu verdeutlichen. Daher möchte ich das Thema ›Philosophie einer vernunftrechtlich bestimmten Politik der Menschenrechte und ihre gegenwärtige Bedeutung‹ lieber einer gesonderten, künftigen Bearbeitung vorbehalten. Wie der alte Kant – in seiner Reaktion auf ein entsprechendes Ansinnen des »Magister Philosophiæ« Andreas Richter[146] – würde ich es jedoch durchaus billigen, wenn ein jüngerer – sei's weiblicher, sei's männlicher – Autor den Mut fände, mit meinem schwerfällig gewordenen Verstand in dieser Angelegenheit zu konkurrieren. Käme dieses Konkurrenzunternehmen in seiner Realisierung dem Gelingen meines Projekts zuvor, würde ich mich darüber sogar außerordentlich freuen.

---

[146] Vgl. AA XII, 330f.

Anhang: Hegel statt Kant?

Hegel statt Kant?[1]

Als oben (am Ende von I.) Rechtsphilosophien, die im Umkreis der Wirkung Kants entstanden sind, kurz auf Möglichkeiten hin erwogen wurden, in ihren Kontext die Menschenrechte einzubeziehen, ist Hegels Rechtsphilosophie ausdrücklich ausgespart geblieben. Wäre nicht wenigstens sie, alternativ zum hier unternommenen Versuch, Kant in einem wichtigen Lehrstück seiner *Metaphysischen Anfangsgründe der Rechtslehre* weiterzudenken, als Grundlage für einen analogen Versuch tauglich – oder zumindest für eine Ergänzung zum obigen, vom Kantischen Ansatz aus möglichen und hier empfohlenen Versuch? Immerhin bringt sie ja zahlreiche Gesichtspunkte, unter denen Kants *Metaphysische Anfangsgründe der Rechtslehre* das Privatrecht abhandeln, durchsichtiger, vollständiger und kohärenter als Kant selbst zur Geltung. – Zwar kommen auch bei Hegel die Ausdrücke »Menschenrechte« und »Menschenrecht« in den von ihm selbst veröffentlichten Schriften gar nicht und im gesamten, uns von ihm überlieferten Œuvre nur höchst selten vor.[2] Gleichwohl aber hat Hegel über die *Rechtspflege* angemerkt, für sie und innerhalb der Bildungs- sowie Rechtsgeltungs-Sphäre der Bürgerlichen Gesellschaft, in welche sie gehört, *gelte* der Mensch als *allgemeine* Person und gelte als solche, »*weil er Mensch ist,* nicht weil er Jude, Katholik, Protestant, Deutscher, Italiener usf. ist«; dies Bewusstsein

---

[1] [Unveränderter Nachdruck des Abschnitts IV. von: *Menschenrechte – Plädoyer für einen Kantischen Ansatz* (Fulda 2013, S. 121–125); Anm. d. Herausgeberin.]

[2] Die im Suhrkamp Verlag erschienene Ausgabe der *Werke in zwanzig Bänden* (Frankfurt a. M. 1971) verzeichnet in ihrer elektronischen Fassung (hrsg. v. Hegel-Institut Berlin e.V.) nur vier Vorkommnisse, unter denen sich nur einmal der Ausdruck »Menschenrechte« findet, nämlich in der *Enzyklopädie*, § 433, aber auch dort nur in einem nicht von Hegel selbst veröffentlichten Zusatz. [Anm. d. Herausgeberin: In § 433 Z heißt es, dass »der Mensch als solcher, als dieses allgemeine Ich, als vernünftiges Selbstbewußtsein, zur Freiheit berechtigt« ist.]

sei »von unendlicher Wichtigkeit«.³ Doch ein Versuch, die zitierten Äußerungen zum Ausgangspunkt für eine Philosophie der Menschenrechte zu nehmen, stünde vor einer unüberwindlichen Schwierigkeit: Die Äußerungen beziehen sich nur auf Menschen in der präzis als solche gedachten Bürgerlichen Gesellschaft, die ihrerseits expressis verbis nur eine besondere Sphäre des Zusammenlebens von Menschen unter Voraussetzung moderner, politisch verfasster Staaten ist.⁴ Oben hingegen haben wir uns klargemacht, dass nicht einmal die Zugehörigkeit zu irgendeiner menschlichen Gemeinschaft als Voraussetzung für das Zukommen von Menschenrechten gelten kann. Wenn man hoffen dürfte, in Hegels Rechtsphilosophie das Fundament für eine Lehre von Menschenrechten zu finden, müsste man also hinter Hegels Entwicklung des Begriffs von Recht als Gestalt moderner Sittlichkeit zurückgehen in die Lehre vom »abstrakten Recht« und/oder von »moralischen« Aspekten rechtlich relevanter oder gar bestimmter Handlungen.

In beiden Lehren, die den ersten und zweiten Teil von Hegels dreiteiligen *Grundlinien der Philosophie des Rechts* ausmachen, endet die Begriffsentwicklung, ähnlich wie bei Kant das Privatrecht, in einem alles Recht bedrohenden Fiasko: Das abstrakte Recht in einer Ahndung von Unrecht, die eine ad indefinitum fortlaufende Kette von Rache- und Wiedervergeltungsakten nach sich zieht; die Moralität der Handlungen hingegen in einer auf die höchste Spitze der Subjektivität getriebenen Selbstsicherheit des Gewissens, in welcher »das Böse in Gutes und das Gute in Böses verkehrt wird«.⁵ Im Unterschied zur Kantischen Begründung des Postulats öffentlichen Rechts ergibt sich daraus bei Hegel weder im einen noch im anderen Fall eine unbedingte Rechtsforderung, die zu erfüllen vor allen anderen Rechtsforderungen Priorität hat, sondern »nur« der Fortgang in eine neue Sphäre der Entwicklung des Rechtsbegriffs, ohne dass am einen oder anderen dieser beiden Fortgänge eine entsprechende Rechtsforderung explizit gemacht und begründet würde. Wenn unter solchen Umständen gleichwohl eine Möglichkeit zu zureichender begrifflicher Bestimmung und Begründung von Menschenrechten bestehen soll, müsste sie entweder ohne den Aufweis einer dem Kantischen Postulat öffentlichen Rechts analogen Rechtsforderung

---

3 Hegel 1821, *Grundlinien*, § 209 A.
4 Vgl. *Grundlinien*, § 182 Z.
5 *Grundlinien* , § 102, § 140.

Hegel statt Kant?

auskommen; oder sie wäre nur um den Preis von Hinzufügungen zu den Hegelschen Gedanken zu haben, und diese müssten darin nicht bloß ergänzt, sondern auch korrigiert sein.

Gegen die erste der beiden hier zu erwägenden Möglichkeiten spricht so gut wie alles, was bereits eingangs bezüglich elementarer Erfordernisse einer philosophisch überzeugenden, begrifflichen Bestimmung der Menschenrechte ausgemacht wurde. Darüber hinaus aber ist auch an Hegels Rechtsphilosophie, näher besehen, gar nicht auszumachen, wie diese zu einer begrifflichen Bestimmung und Begründung von Menschenrechten sollte führen können *ohne* eine dem Kantischen Postulat öffentlichen Rechts entsprechende Rechtsforderung, die begründet würde, wenn nicht in der (den ersten Teil der *Grundlinien* bildenden) Lehre vom abstrakten Recht spätestens an ihrem Ende, so wenigstens in der (den zweiten, »Die Moralität« betitelten Teil ausmachenden) Lehre von moralischen Aspekten rechtlich relevanter Handlungen – und zwar zumindest an ihrem (als »*Übergang von der Moralität in Sittlichkeit*« bezeichneten) Ende, in welchem es ein Fazit sowohl aus der Entwicklung des Begriffs abstrakten Rechts als auch aus dem ganzen Zusammenhang moralischer Handlungsaspekte zu ziehen gilt. Ohne eine *spezifizierende Abhebung* von allem, was schon zum Recht freier Rechtspersonen und als solcher zusätzlich moralischer Subjekte gehört und – Kantisch gesprochen – schon das »Recht der Menschen als solches« ausmacht, ist kein überzeugender Begriff von Menschenrechten zu gewinnen. Diese Abhebung aber leistet bei Hegel weder der Übergang vom abstrakten Recht zur Moralität noch der von moralischen Handlungsaspekten zur Sittlichkeit.

Am Ende der Lehre vom abstrakten Recht nämlich bekommen wir's zwar auch mit einer *Forderung* zu tun,[6] nämlich mit derjenigen einer »*strafenden* Gerechtigkeit«. Die Forderung wäre bloß durch weiteres, rechtlich tätiges Handeln zu erfüllen. Doch es wird an dieser Stelle nicht auszumachen versucht, worin die Erfüllung zu bestehen, welchen Gerechtigkeitsprinzipien sie zu genügen hat und wie sich ihnen Rechnung tragen lässt. Die Forderung bringt Hegel zufolge erst einmal lediglich das philosophische Erkennen dazu, die moralischen Aspekte von Handlungen zum Thema zu machen. Auch am Ende dieser Thematisierung jedoch ist bei Hegel weder ein Begriff von Gerechtigkeit und ihrer Prinzipien entwickelt

---

[6] *Grundlinien*, § 103.

noch zeichnet sich nun wenigstens der Weg zu solcher begrifflichen Entwicklung ab.⁷ Unter solchen Umständen lässt sich die erste der beiden hier zu erwägenden Möglichkeiten gewiss nicht realisieren.

Aber auch für eine Realisierung der zweiten Möglichkeit, die sich mindestens am Punkt des Fortgangs von Moralität zur Sittlichkeit ergeben müsste und sich nach allem bisher Festgestellten auch nicht früher ergeben kann, stehen die Chancen schlecht. An diesem Übergangspunkt nämlich wird eine neue, nunmehr doppelte Forderung ausgesprochen:⁸ dass es für das Gute, »aber noch Abstrakte« zu »Bestimmungen überhaupt« und zum »Prinzip derselben« kommt, sowie dass das Gewissen zur »Allgemeinheit und Objektivität seiner Bestimmungen« gelangt. Dann aber wird nicht gesagt, wie und durch welche, von Anfang an Gerechtigkeitsforderungen Rechnung tragende, rechtlich handelnde Tätigkeit diese Forderungen zu erfüllen sind. Es wird vielmehr nur behauptet, die Integration beider Abstraktionen, die je eine relative Totalität ausmachen, zu deren »absoluter Identität« sei »schon *an sich* vollbracht« und sei »die *Sittlichkeit*«. Wie soll von hier aus ein Postulat öffentlichen Rechts wie das Kantische zu denken sein oder wenigstens ein funktionales Äquivalent zu ihm? Warum berauben sich (gemäß den *Grundlinien*-Paragraphen 102–104 und 140f.) die Rechtspersonen und Rechtssubjekte nicht des Rechtsbodens, auf dem sie sich befinden, sodass sie diesen Boden im Übergang zur schon *an sich* vollbrachten Sittlichkeit erst einmal, äußerlich und dabei Gerechtigkeitsforderungen gemäß handelnd, auch *für sich* wieder zurückgewinnen müssen, bevor die Sittlichkeit mit dem ihr entsprechenden Fürsichsein sich in ihren Mitgliedern gewärtigen kann?

Vielleicht kann man – möglichst Hegel-freundlich – folgendermaßen argumentieren: Selbst wenn Hegels eigene, oben angegebene Behauptung akzeptiert wird, ist geltend zu machen, dass der Fortgang über die Moralität hinaus sich hinsichtlich materiell rechtlicher, von Prinzipien bestimmter Gerechtigkeit nicht im *an sich* Vollbrachten erschöpfen kann. Recht ist allemal Dasein des an und *für sich* freien Willens, das aus dessen äußerer Tätigkeit hervorgeht oder hervorgegangen ist. Der Fortgang muss in einer Philosophie des Rechts daher auch sagen, durch welches handelnde Tun die (am Ende des abstrakten Rechts sowie der Moralität manifest gewordenen) For-

---

7 Vgl. *Grundlinien*, § 141.
8 Ebd.

Hegel statt Kant?

derungen *zu ihrem praktischen Teil* zu erfüllen sind, sodass das erst *an sich* Vollbrachte, auch *vom und für* den Willen einzelner Rechtspersonen und moralischer Subjekte in ihnen, die Forderungen erfüllend, vollzogen wird. Leider aber hat Hegel dies sowohl in seinen *Grundlinien der Philosophie des Rechts* als auch in seiner *Enzyklopädie* unterlassen.

Die bessere, einer begrifflichen Bestimmung und Begründung von Menschenrechten nähere Alternative zum Kantischen Ansatz, der uns im Postulat öffentlichen Rechts vorliegt, stellt somit Hegels Rechtsphilosophie in ihrer authentischen Fassung gewiss nicht dar. *Statt* Kant lässt sich Hegel für die Grundlegung einer Philosophie der Menschenrechte also nicht heranziehen. Man müsste Hegel an der hierfür entscheidenden Stelle vielmehr erst einmal mithilfe Kants berichtigen, bevor man die Ausgestaltung einer dadurch möglichen, philosophischen Erkenntnis der Menschenrechte mit Hegelschen Mitteln noch weiter konkretisieren könnte. Dazu wäre freilich auch Hegels Lehre von Rechtspflege in der Bürgerlichen Gesellschaft wertvoll. Der Weg dahin aber wäre erheblich länger als derjenige, den Hegel in seinen *Grundlinien* gegangen ist. Allerdings könnte er auch frei gehalten werden von Unplausibilitäten und Inkonsistenzen, die Kant in seiner Lehre vom Privatrecht unterlaufen sind. Glücklicherweise war von diesen Mängeln jedoch nicht das Kantische Fundament einer Philosophie der Menschenrechte betroffen. Eben dadurch war es besonders glaubwürdig und verlässlich als Ausgangspunkt für das hier vorgetragene Plädoyer.

Literaturverzeichnis

Aristoteles (2020): Werke in deutscher Übersetzung, hrsg. v. C. Rapp, Bd. 6: *Nikomachische Ethik*. Berlin: Akademie-Verlag.

Alexy, R. (1994): *Theorie der Grundrechte*. Frankfurt a. M.: Suhrkamp.

BRD (1949): *Grundgesetz für die Bundesrepublik Deutschland* (GG).

Europarat (1950): *Europarat-Konvention zum Schutze der Menschenrechte und Grundfreiheiten* (EK).

Fastenrath, U. (Hrsg.) (2004): *Menschenrechte – Ihr Internationaler Schutz*. 8. Auflage. München: Beck.

Forst, R. (1999): Das grundlegende Recht auf Rechtfertigung. Zu einer konstruktivistischen Konzeption von Menschenrechten. In: H. Brunkhorst, W. R. Köhler, M. Lutz-Bachmann (Hrsg.), *Recht auf Menschenrechte*. Frankfurt a. M.: Suhrkamp 66–105.

Fulda, H. F. (1990): Philosophische Kultur im gesellschaftlichen Konflikt. In: J. Assmann, D. Harth (Hrsg.): *Kultur und Konflikt*. Frankfurt a. M.: Suhrkamp, 113–139.

Fulda, H. F. (1997): Kants Postulat des öffentlichen Rechts (RL § 42). In: B. S. Byrd (Hrsg.): *Jahrbuch für Recht und Ethik 5, Themenschwerpunkt: 200 Jahre Kants Metaphysik der Sitten*. Berlin: Duncker & Humblot, 267–290.

Fulda, H. F. (1999): Erkenntnis der Art, etwas Äußeres als das Seine zu haben. In: O. Höffe (Hrsg.), *Immanuel Kant. Metaphysische Anfangsgründe der Rechtslehre*. Berlin: de Gruyter, 87–115.

Fulda, H. F. (2001): La Théorie Kantienne de la Séparation des Pouvoirs. In: *Les Études philosophiques* 1/2001, S. 3–18. Dt. Originalfassung: Die Kantische Lehre von der Gewaltenteilung. https://archiv.ub.uni-heidelberg.de/volltextserver/20608/1/20_L1_2K_Fulda_dt_Kants%20Gewaltenteilung.pdf (Aufruf: 28.12.2023).

Fulda, H. F. (2006): Notwendigkeit des Rechts unter Voraussetzung des Kategorischen Imperativs der Sittlichkeit. In: B. S. Byrd (Hrsg.): *Jahrbuch für Recht und Ethik 14, Themenschwerpunkt:*

Recht und Sittlichkeit bei Kant. Berlin: Duncker und Humblot, 167–213.
Fulda, H. F. (2009): Krise und Untergang des südwestdeutschen Neukantianismus. In: Sandkühler, H.-J. (Hrsg.): *Philosophie im Nationalsozialismus.* Hamburg: Felix Meiner, 83–132.
Fulda, H. F. (2013): Menschenrechte – Plädoyer für einen Kantischen Ansatz zu ihrer begrifflichen Bestimmung, Begründung und Gliederung im Hinblick auf Hegel. In: St. Lang, L.-Th. Ulrichs (Hrsg.), *Subjektivität und Autonomie.* Berlin: de Gruyter, 95–126.
Gerhardt, V. (1995): *Immanuel Kants Entwurf ›Zum ewigen Frieden. Eine Theorie der Politik‹.* Darmstadt: Wissenschaftliche Buchgesellschaft.
Habermas, J. (1996): Über den inneren Zusammenhang von Rechtsstaat und Demokratie. In: *Die Einbeziehung des Anderen.* Frankfurt a. M.: Suhrkamp, 293–307.
Hain, K. E. (2007): Menschenwürde als Rechtsprinzip. In: Sandkühler (2007a), 85–101.
Hegel, G.W. F. (1821): *Grundlinien der Philosophie des Rechts,* zitiert nach: *Gesammelte Werke, Bd. 14,1;* hrsg. v. K. Grotsch und E. Weisser-Lohmann, Hamburg: Felix Meiner. (Zitiert als *Grundlinien* unter Angabe des Paragraphen; A = Anmerkung. Z = Zusatz, zitiert nach: Hegel 1971, Bd. 7.)
Hegel, G.W. F. (1830): *Enzyklopädie der philosophischen Wissenschaften im Grundrisse (1830).* zitiert nach: *Gesammelte Werke, Bd. 20;* hrsg. v. W. Bonsiepen et al., Hamburg: Felix Meiner. (Zitiert als *Enzyklopädie* unter Angabe des Paragraphen. Z = Zusatz, zitiert nach: Hegel 1971, Bd. 10.)
Hegel, G.W. F. (1971): Werke in zwanzig Bänden, hrsg. v. E. Moldenhauer und K. M. Michel. Frankfurt a. M.: Suhrkamp. Elektronische Ausgabe: hrsg. v. Hegel-Institut Berlin e.V., Potsdam: Talpa-Verlag.
Höffe, O. (1998): Transzendentaler Tausch – eine Legitimationsfigur für Menschenrechte? In: St. Gosepath und G. Lohmann (Hrsg.), *Philosophie der Menschenrechte.* Frankfurt a. M.: Suhrkamp, 29–47.
Jäsche, G. B. (Hrsg.) (1800): *Immanuel Kant: Logik. Ein Handbuch zu Vorlesungen* (Königsberg: Nicolovius). In: Kant 1900 ff., AA IX, 3–150.

Literaturverzeichnis 147

Joas, H. (2011): *Die Sakralität der Person. Eine neue Genealogie der Menschenrechte.* Berlin: Suhrkamp.
Kant, Immanuel (1763): *Versuch den Begriff der negativen Größen in die Weltweisheit einzuführen* (Königsberg: Kanter). AA II, 165–204.
Kant, Immanuel (1785): *Grundlegung zur Metaphysik der Sitten* (Riga: Hartknoch). AA IV, 385–463.
Kant, Immanuel (1787): *Kritik der reinen Vernunft*, 2. Auflage (B). (Riga: Hartknoch). AA III.
Kant, Immanuel (1788): *Kritik der praktischen Vernunft*, 1. Auflage (A). (Riga: Hartknoch). AA V, 1–163.
Kant, Immanuel (1793): *Über den Gemeinspruch: Das mag in der Theorie richtig sein, taugt aber nicht für die Praxis* (Berlinische Monatschrift, 2, 201–284). AA VIII, 273–313.
Kant, Immanuel (1797): *Metaphysik der Sitten* (Königsberg: Nicolovius). AA VI, 203–492.
Kant, Immanuel (1795 ff.): *Briefwechsel*, Band III: 1795–1803. AA XII.
Kant, Immanuel (1900 ff.) *Gesammelte Schriften* (Akademie-Ausgabe = AA). Hrsg.: Bd. I–XXII: Preussische Akademie der Wissenschaften, Bd. XXIII: Deutsche Akademie der Wissenschaften zu Berlin, ab Bd. XXIV: Akademie der Wissenschaften zu Göttingen.
Kant, Immanuel (1966): *Vorlesungen über Logik.* AA XXIV.
Kennedy, J. F. (1961): Inaugural Address of President John F. Kennedy. Washington, D.C., January 20, 1961. https://www.jfklibrary.org/archives/other-resources/john-f-kennedy-speeches/inaugural-address-19610120 (Aufruf: 22.12.2023).
Kunig, Ph. (2012): Würde des Menschen, Grundrechtsbindung. In: I. von Münch und Ph. Kunig (Hrsg.), *Grundgesetz-Kommentar, Band 1: Präambel, Art. 1–69.* 6. Aufl., München: Beck, 56–120.
Meier, G. F. (1752): Auszug aus der Vernunftlehre. Halle: Gebauer. Abdruck in: Kant 1900 ff., Bd. 16.
Mohr, G. (2007): Ein »Wert, der keinen Preis hat« – Philosophiegeschichtliche Grundlagen der Menschenwürde bei Kant und Fichte. In: Sandkühler (2007a).
Menke, Ch., und A. Pollmann (2007): *Philosophie der Menschenrechte.* Hamburg: Junius.
Niedersachsen (1993): *Verfassung des Landes Niedersachsen.*

Peirce, Ch. S. (1931 ff.): *Collected Papers*, ed. by Ch. Hartshorne & P. Weiss (vols. VII und VIII ed. by A. W. Burks): Cambridge MA: Harvard University Press.

Platon (1977): *Nomoi*. In: *Werke*, Bd. 8, hrsg. v. G. Eigler et al. Darmstadt: Wissenschaftliche Buchgesellschaft.

Rawls, J. (1971): *A Theory of Justice*. Cambridge, MA: Harvard University Press.

Sandkühler, H.-J. (2007a): Menschliche Würde und die Transformation moralischer Rechte in positives Recht. In: Sandkühler (2007b).

Sandkühler, H.-J. (Hrsg.) (2007a): *Menschenwürde als Fundament der Grund- und Menschenrechte*. Schriftenreihe der deutschen Abteilung des europäischen UNESCO-Lehrstuhls für Philosophie. Universität Bremen, SFG 4170.

Scuster, R. (Hrsg.) (1994): *Die Verfassungen aller deutschen Länder*. München: Goldmann.

K. Seelmann (2009): »Menschenwürde« als ein Begriff des Rechts? In: H.-H. Gander (Hrsg.), *Menschenrechte. Philosophische und juristische Positionen*. München und Freiburg: Alber, 166–180.

Singer, I. B. (1971): *Mein Vater der Rabbi. Bilderbuch einer Kindheit*. Reinbek: Rowohlt.

Uertz, R. (2005): *Vom Gottesrecht zum Menschenrecht. Das katholische Staatsdenken in Deutschland von der Französischen Revolution bis zum II. Vatikanischen Konzil (1789–1965)*. Paderborn: Ferdinand Schöningh.

Vereinte Nationen (1948): *Allgemeine Erklärung der Menschenrechte* (AE).

Zimmermann, St. (2011): *Kants »Kategorien der Freiheit«*. Kantstudien-Ergänzungshefte 167. Berlin: de Gruyter.

Verzeichnis der Abkürzungen

AA	Akademie-Ausgabe (Kant 1900 ff.)
AE	Allgemeine Erklärung der Menschenrechte
BVerfGE	Bundesverfassungsgesetz
EK	Europarat-Konvention zum Schutze der Menschenrechte und Grundfreiheiten
GG	Grundgesetz
MARL	Metaphysische Anfangsgründe der Rechtslehre

Namensregister

Aristoteles 14, 50, 122
Alexy, R. 127

Cayla, O. 116
Christiani, C. A. 26

Forst, R. 20, 21

Habermas, J. 11, 20
Hain, K.-E. 127
Hegel, G.W. F. 7-8, 24, 55, 96, 98, 127, 139-143
Höffe, O. 63, 66

Jäsche, G. B. 32, 67, 78
Joas, H. 112

Kant, I. 7-8, 11, 18, 19, 22, 23-24, 26-33, 42, 48, 51, 53, 61, 65, 68-70, 72-76, 81, 83, 96, 98-99, 102-103, 105, 106-111, 113-120, 123, 127-128, 131, 133-135, 139-140, 143
Kennedy, J. F. 11-12
Kondylis, P. 116
Kunig, Ph. 116, 130

Limbach, J. 130

Meier, G. F. 53
Mendelssohn, M. 26
Menke, Ch. 23, 114, 116
Mohr, G. 114

Peirce, Ch. S. 83-84, 98
Platon 14, 25, 122

Pollmann, A. 23, 114, 116

Rawls, J. 11, 20, 23, 48, 76

Sandkühler, H.-J. 114, 116, 124, 126, 128, 130
Seelmann, K. 114, 116, 117, 126
Singer, I. B. 37

Tugendhat, E. 11, 19

Uertz, R. 15
Ulpian (Ulpianus, D.) 29, 31, 40, 58, 59, 61-62, 90-91, 93, 100, 125

Welsch, M. 124

Zimmermann, St. 56